Seine Geschichte
ist meine Geschichte

Wahre Geschichten von Überleben und Erfolg
eines deutschen Vaters und seiner Tochter
nach dem 2. Weltkrieg

von Elke McKee
aus dem Englischen von Corinna Gehre

Die amerikanische Originalausgabe erschien 2020 im Verlag Memoir books, Californien unter dem Titel „His story is my story. Authentic stories about survival and success of a German father and daughter after World War Two". ISBN 987-1-937748-32-6

Grafik auf der Vorderseite: Elke McKee
Photo auf der Rückseite: Mike Martin
Aus dem Englischen übertragen und
herausgegeben von Corinna Gehre

Bibliografische Information der Deutschen Nationalbibliothek: Die Deutsche Nationalbibliothek verzeichnet diese Publikation in der Deutschen Nationalbibliografie; detaillierte bibliografische Daten sind im Internet über dnb.dnb.de abrufbar.

© 2022 Corinna Gehre
Herstellung und Verlag: BoD - Books on Demand, Norderstedt
ISBN 978-3-7557-7751-9

Dieses Buch ist meinem Mann Tom gewidmet, dessen Idee es war, meinen Vater darum zu bitten, seine Erinnerungen an die russische Kriegsgefangenschaft für uns auf Tonband zu sprechen. Nachdem ich den Wortlaut meines Vaters auf Deutsch niedergeschrieben hatte, wollte mein Mann, der Amerikaner ist, natürlich eine Übersetzung haben. Einmal fertig gestellt, teilte ich sie mit Freunden und Nachbarn hier in Amerika. Sie fanden Interesse daran und rieten mir, auch über meine Kindheit in der Besatzungszone zu schreiben. Dann kam die Frage auf, wie ich nach Amerika gekommen sei – und so nahm die Geschichte des Buches ihren Lauf.

„His story is my story" erschien erstmalig im Jahre 2020 in den Vereinigten Staaten. Für deutsche Leser mag sich die ein oder andere Erzählung als selbstverständlich erweisen – hier sei daran erinnert, dass das Original in erster Linie dafür gedacht war, meinen amerikanischen Freunden die deutsche Geschichte, von der sie vergleichsweise wenig wissen, nahe zu bringen.

Mein Dank gilt sowohl meiner Großcousine Corinna Gehre, die mir angeboten hat, die Übersetzung und Publikation in Deutschland zu übernehmen, als auch meinem Großcousin Friedemann Geyer mit seiner Frau Cornelia, meinem Cousin Frieder Venus und dessen guten Freund Berndt Stichler, die ihr dabei behilflich waren.

Sei zufrieden mit dem, was du hast;
erfreu dich der Dinge, so, wie sie sind.
Wenn du begreifst, dass es dir an nichts mangelt,
gehört dir die ganze Welt.

Lao Tzu

Vorwort der Herausgeberin

Es war jedes Mal Aufregung angesagt, wenn es hieß: Elke kommt! Alle Verwandten gaben ihr Bestes, um den Besuch aus Amerika würdig zu empfangen. Ich erinnere mich gut und gern an jene Momente der Kindheit – nicht eben, weil sie weit hergereist war oder aus einer vermeintlich besseren Welt kam: Elke ist tatsächlich eine strahlende Frau, die es versteht, jeden Raum mit ihrem großherzigen und Anteil nehmenden Wesen zu füllen.

Die Arbeit an diesem Buch bedeutete für mich nicht nur die Beschäftigung mit einem bewegenden und authentischen Zeugnis vergangener Zeiten, sondern ermöglichte mir darüber hinaus, ein Stück weit in die Geschichte meiner Ahnen einzutauchen – Elkes Vater war der Bruder meiner Großmutter väterlicherseits. Als ich es im Sommer 2020 erstmals in Händen hielt, war es mir sofort ein Herzensanliegen, die Übersetzung dafür zu schreiben. Cornelia Geyer, die Schwiegertochter von Elkes Cousin Reinhard, hatte es sich, ehe ich mit der Arbeit begonnen hatte und ohne, dass ich davon wusste, zur Aufgabe gemacht, ihrem Schwiegervater, der Anfang 2021 unerwartet verstarb, die Geschichte seines Onkels und seiner Cousine als Weihnachtsgeschenk in Form einer Übersetzung zugänglich zu machen. Was für ein Glück, dass Reinhard das Buch so noch hat lesen können!

Ich habe die Übersetzung von Cornelia Geyer als Grundlage genommen, den Text, nicht zuletzt mit dem Anspruch, ihm einen einheitlich literarischen Anstrich zu verleihen, komplett überarbeitet, die Originaltexte von Hans Oertel, dessen Sinn für Sprache (er hat alles fast genau so auf Band gesprochen!) nicht von der Hand zu weisen ist, sowie von Wilhelm Scheid transkribiert und nun freue mich, dass das Buch endlich in Druck gehen kann, um sich alsbald auf den Weg in die deutschsprachige Welt zu machen.

„Lasst es nie wieder geschehen!", wurde Elkes Generation. und auch der Meinen noch, immer und immer wieder zu

Recht gesagt. Mich hat die langwierige Beschäftigung mit den Inhalten des Buches nachhaltig darin bestärkt, dass wir Deutsche endlich unseren Schuldkomplex zu Grabe tragen und unseren Feinsinn für aufkeimende diktatorische und kriegerische Verhältnisse schärfen dürfen, gegen welche wir (gerade wir Deutsche!), wenn wir sie denn als solche erkennen, entschieden aufzubegehren haben.

Es sei Elke einerseits von Herzen gedankt, dass sie uns neben historisch interessantem Zeitzeugnis diesen intimen Einblick in die Familiengeschichte gewährt - und darüber hinaus, wie sie all die Jahrzehnte sagenhaft viel Kraft in die Pflege der familiären Bande nach Deutschland investiert, uns gern beschenkt und noch immer ein offenes Herz für jedermann hat! Möge sie stets ein freier Geist bleiben.

Inhaltsverzeichnis

Vorwort von Elke..11
Schuldgefühle..13
Das Wunder...15
Versteckt in den Wäldern...17
Verhaftung...19
Geschichtliches..23
Bitterarmes Volk...27
In der Brotfabrik..31
Arbeit, Arbeit über alles..35
Die Kommissionen...41
Verurteilung...43
Meine Behinderung..47
Eine heile Kindheit..49
Die wirkliche Welt...55
Unser täglich Brot...59
Wir tanzten nur einen Sommer.....................................63
Sowjetische Geheimhaltung..71
Der Kommodenheini..77
Die Ziegelei...79
Diverse Tätigkeiten..81
Unsere Spanischen Kameraden......................................85
Begegnung mit dem Leben..87
Pakete aus der Heimat..93
Die Entlassung...97
Erinnerungen..101
Als mein Vater heimkam..111
Das Geheimnis...113
Unser erstes Heim in Familie....................................117
Besuch von Opa..119
Nicht angepasst...121
Auf Besuch bei Verwandten.......................................125

August 1961..127
Maximo...129
Urlaub in Spanien....................................131
Die spanische Villa..................................133
Au-pair in London...................................137
Ankunft in Amerika.................................139
Raus aus dem Dschungel........................143
Stadt an der Bucht...................................147
Unglück...151
Der große Bruder....................................155
Die Kraft der Vorstellung........................157
Scheidung..159
August 1989..163
Hochzeit..167
Meine Montessorri-Schule......................169
Ein alleinstehender Mann.......................173
Der Anruf..175

Vorwort von Elke

Dies ist die Geschichte der Erinnerungen meines Vaters an die zehn Jahre als Deutscher in russischer Kriegsgefangenschaft, seiner Eindrücke von der liebenswürdigen russischen Landbevölkerung, von grausamen Wachen und vom Überleben unter unfassbar harten Bedingungen. Zurück in Deutschland, hat er nie über seine Erfahrungen sprechen wollen, weil sie zu schmerzhaft waren. Erst als sein Schwiegersohn Tom ihn 1989 darum bat, alles auf Band zu sprechen, ging er dem nach. Zu jenem Zeitpunkt war meine Mutter bereits gestorben – vermutlich fühlte er sich daher zum ersten Mal frei, offen zu reden. Mein Vater sprach seine Erinnerungen auf Deutsch ein. Ich, seine Tochter, brachte sie zu Papier und übersetzte sie für das Buch, welches in erster Linie meinen amerikanischen Landsleuten einen authentischen Einblick in europäische Geschichte vermitteln sollte, ins Englische.

Es ist weithin bekannt, dass sich die drei Siegermächte kurz vor Ende des 2. Weltkriegs, im Februar 1945, in Jalta auf der Krim über die jeweiligen Besatzungszonen Deutschlands einigten. Weniger bekannt ist, dass Stalin dabei außerdem noch die Verwendung deutscher Arbeitskraft forderte. Es wird behauptet, Roosevelt habe dem widerstrebend zugestimmt, aber Churchill habe gesagt: „Nicht einen!" Die Gefangenen der Engländer und der Amerikaner wurden bald darauf freigelassen, während die von den Russen Inhaftierten zur Zwangsarbeit in Lager nach Sibirien gebracht wurden. Als ich meinen Vater fragte, warum er nicht fliehen konnte, meinte er, die Entfernung sei schlichtweg zu groß gewesen. Sein Lager war doppelt so weit von Deutschland entfernt, wie Moskau. Um eine Vorstellung der riesigen Fläche, welche die UdSSR damals ausmachte, zu erhalten: Vom ewigen Eis im Norden bis hin zu den Wüsten Zentralasiens, von der Ostsee bis zum Pazifik, erstreckte sich das Land über elf Zeitzonen.

Es geht auch um meine Geschichte – darum, wie ich im nach 1945 von den Russen besetzten Osten Deutschlands aufwuchs, wie ich das Erziehungssystem unter den Kommunisten wahrnahm, um den Grund für unsere Flucht, als ich elf war, mein Leben in Westdeutschland sowie mein erstes Abenteuer England. Und schließlich darum, wie ich nach Amerika kam.

Schuldgefühle

von Elke

„Ihr Deutsche habt uns bombardiert!"

In England bekam ich stets wiederkehrende Albträume. Ich war neunzehn Jahre alt und es war meine erste Reise in ein fremdes Land. Im Traum saß ich auf einem Stuhl wie beim Friseur und fühlte, wie mir die Spitze einer geöffneten Schere von vorne in meinen Hals gerammt wurde. Dann wurde die Haut rund um meinen Hals aufgeschlitzt, sodass sie über mein Gesicht hinweg abgezogen werden konnte. Das heiße Blut rann mir die Brust herab. Ich bat darum, man möge mich töten - doch meine Freunde standen um mich her, sahen bloß zu und taten nichts, um mir zu helfen.

Erstmalig in meinem Leben wurde ich mit der Frage konfrontiert, inwieweit ich mich als Deutsche angesichts des verheerenden Schadens, welchen mein Land der Welt zugefügt hat, schuldig zu fühlen habe. Ich hatte viele Dokumentationen darüber gesehen, was den Juden in Konzentrationslagern angetan worden ist. Das Ausmaß der Zerstörung jedoch, welches andere Länder wie England, Frankreich, Holland, Italien und Norwegen durch uns erfahren hatten, war mir nicht bewusst. Ganz Europa wurde von Hitler und der deutschen Armee verwüstet.

Es gibt keine Entschuldigung, keinen Erklärungsversuch, wie all das hatte geschehen können oder warum es diesem Wahnsinnigen gelungen war, dass Menschen seinen Befehlen folgten. Dich ihm zu widersetzen konnte deinen Tod bedeuten. Überleben war möglich, wenn du den Kopf in den Sand stecktest und versuchtest, nicht aufzufallen.

Mein Vater hatte es sich nicht ausgesucht, Soldat zu sein. Er wurde eingezogen. Um die Wahrheit zu sagen, genoss er anfangs die Reise durch Frankreich. Es war aufregend, als armer, junger Mann auf Reisen gehen zu können. Er erzählte mir, dass die Farben dort anders seien -

strahlender und prächtiger! Er malte für sein Leben gern Landschaften, und nachdem er gestorben war, nahm ich mir vor, seine These zu überprüfen. Ich bereiste die Provence im Rahmen eines Malurlaubs und war so in der Lage, sie mit seinen Augen sehen.

Als nunmehr alte Dame habe ich viel über die Erfahrungen und Leiden der Menschen anderer Länder gelesen. Es gab unzählige Diktatoren und Egomanen, denen es erlaubt war, die Massen zu regieren. So geht es immer fort. Wir haben nicht gelernt, Frieden in der Welt zu schaffen. Nach dem Krieg wurden wir, die deutsche Jugend, mit Slogans wie: „Erinnert euch an die Geschichte!" und „Lasst es nie wieder geschehen!" indoktriniert. Ich hoffe sehr, dass wir in der westlichen Welt gelernt haben, als vereinigtes Europa und als ein vereinigter Planet Erde miteinander auszukommen.

Das Wunder

von Elke

Meine Eltern Hans und Else lernten sich beim Tanz kennen, was nicht verwunderlich ist, denn tanzen war ihre Leidenschaft. Es war 1938. Demitz-Thumitz ist ein Dörfchen am Fuße des Lausitzer Berglands, berühmt für Granitabbau und sein Eisenbahnviadukt, welches unweit der polnischen Grenze im Osten und der tschechischen Grenze im Süden gelegen ist. Hans war ein neuer Lehrer im Ort, ein recht gutaussehender obendrein. Physik und Mathe waren seine Spezialität, Kunst jedoch seine Leidenschaft.

Lehrer waren Geringverdiener und oft hungrig. Deshalb war er froh darüber, der Familie meiner Mutter vorgestellt worden zu sein. Nachdem klar war, dass die beiden Liebenden es ernst miteinander meinten, lud meine Großmutter ihn häufig zum Essen ein. Ein hungriges Maul mehr oder weniger zu stopfen, fiel in der Großfamilie nicht auf. Meine Mutter Else war das jüngste von acht Kindern. Die fünf Schwestern und beiden Brüder hatten bereits ihre eigenen Kinder. Die meisten von ihnen lebten im selben Dorf, einige sogar im Haus mit Elses Eltern, Max und Martha Venus.

Hans und Else heirateten im Dezember 1939. Der Krieg hatte gerade begonnen und Hans wurde an die Front nach Frankreich geschickt. Ich habe ein schmales Büchlein von seinen dortigen Eindrücken mit Landschaftszeichnungen sowie seinem ersten, flüchtigen Blick auf den Ozean. Frankreich war aufregend für einen jungen Mann, der nie Gelegenheit hatte, zu reisen - ganz besonders Paris!

Das junge Paar bekam sich in den folgenden vier Jahren kaum zu sehen, da er die meiste Zeit ihres Ehelebens Kriegsdienst leistete. Sie wünschten sich Kinder, waren aber wohl nie zur rechten Zeit beieinander. Als er später an die russische Front geschickt wurde, schlug der mentale Zustand der Soldaten ins Gegenteil um. Sie sahen sich unsäglichem Elend konfrontiert. Aus den die Champs Élysées hinab marschierenden, glorreichen Eroberern waren hungernde Männer in dreckigen Lumpen geworden, die in den Gräben der endlosen Tundra Zuflucht suchten. Die Hoffnung, den Krieg zu gewinnen, schwand rasch dahin.

Mein Vater war ein Leutnant der Infanterie. Im Januar 1944 erhielt er den Befehl, von seiner Stellung an der russischen Front nahe Leningrad zu einem anderen, viele Kilometer entfernten Posten zu wechseln. Er befand, dass niemand bemerken würde, wenn er für ein, zwei Wochen verschwände, denn zu der Zeit gab es beim Militär bereits viel Durcheinander. Er beschloss, sich per Anhalter auf den Heimweg zu machen und seiner Frau einen Überraschungsbesuch abzustatten. Ich bin sicher, dass dies im Dorf hatte geheim bleiben müssen, denn sich unerlaubt von der Truppe zu entfernen war ein schreckliches Vergehen und konnte mit dem Tode bestraft werden.

Die wenigen Tage, die er mit seiner jungen Ehefrau verbrachte, resultierten darin, dass Else mit mir schwanger wurde. Ich erachte es als ein Wunder, dass die Hormone meines Vaters so stark waren und er, alle Vorsicht beiseite gelassen, ein neues Leben erschuf, für das ich dankbar bin. Die Lebenslust ist mein Erbe, welches mir bei vielen Entscheidungen hilfreich war und mein eigenes Leben außergewöhnlich gemacht hat.

Nach dem geheimen Urlaub 1944 kehrte mein Vater an die russische Front zurück und sah seine Frau bis 1955 nicht wieder. Als der Krieg am 10. Mai 1945 endete, machte er sich, allein und unbewaffnet, durch die Tschechoslowakei auf den Heimweg. Dort wurde er von ein paar Tschechen gefangen genommen und an die Russen ausgeliefert.

Ich wurde im Oktober 1944 geboren. Meinen Vater traf ich zum ersten Mal im Oktober 1955, als er aus der russischen Gefangenschaft entlassen wurde. Ich war elf Jahre alt.

Versteckt in den Wäldern

von Elke

Ich war sechs Monate alt, als der Krieg im Mai 1945 endete. Die russische Armee überrannte Deutschland vom Osten her. Sie hatten die polnische Grenze überschritten und arbeiteten sich weiter westwärts vor, in Richtung unserer Stadt. Es wurden Gerüchte laut, dass die zornigen und frustrierten Männer jede Frau vergewaltigten, die ihnen unter die Finger kam. Meine Mutter, 25 zu der Zeit, war eine schöne, blonde Frau mit blauen Augen. Es wurde ihr angeraten, ihr Heim zu verlassen und sich im Wald zu verstecken. Sie packte einige wichtige Papiere und mich, ihre Tochter, in einen Kinderwagen und machte sich mit noch ein paar anderen Frauen und Kindern auf den Weg. Ihr Gedanke war es, nach Westen zu der Stadt, aus der die Familie meines Vaters stammte (Chemnitz), zu gelangen, um bei ihr Unterschlupf zu finden. Damit sie den sich nähernden Russen entkämen, wählten sie die südliche Route durch das heutige Tschechien.

Sie hatte damals keine Ahnung, dass sie sich in derselben Gegend befand, von welcher aus mein Vater die Flucht nach Hause hatte antreten wollen. Dieselbe Straße wurde von den aus Russland heimkehrenden, deutschen Soldaten genutzt! Ab dem ersten Kontrollpunkt war meine Mutter ohne den Kinderwagen unterwegs und sie musste mich auf dem Arm weitertragen. Es war ihr gelungen, eine Schlinge aus den Ärmeln ihrer Jacke zu winden, um mein Gewicht stützen zu können.

Zuweilen konnten die Frauen ein Stück weit mit einem Armeelaster voller Soldaten mitfahren, die ebenfalls das Weite suchten. Die russische Armee war ihnen dicht auf den Fersen. Meine Mutter erzählte mir, wie sich eines Tages ein freundlicher Herr, der neben ihr saß, bereit erklärt hatte, mich ein Weilchen zu halten. Nur wenige Minuten freute sie sich der Erleichterung, denn bald schon hatte er eine russische Kugel im Kopf. Was für ein Schock, so unmittelbar

Tod zu erfahren! Der Laster wurde konfisziert und man war wieder auf die eigenen Füße zurückgeworfen.

Die hügelige Landschaft bot endlose, dunkle Wälder zum Durchstreifen und sich verstecken. Die Nächte waren kalt. Die Kinder weinten. Das war katastrophal, denn die Frauen wurden bös aufeinander, wenn sie die Geräusche ihrer Kinder nicht im Griff hatten. Es war strengstens verboten, sich in den Wäldern zu verstecken, denn du wurdest als „vogelfrei" betrachtet und durftest bei bloßem Anblick erschossen werden. Um Nahrung zu betteln war schwierig, denn auf ihrer Wanderschaft durch Böhmen trafen die Frauen auf allerhand Menschen, die Deutsche hassten. So war ihr Bemühen selten von Erfolg gekrönt und viele erkrankten an der Ruhr. Meine Mutter erzählte mir, wie ein deutscher Arzt, der auf dem Weg von der Front heimwärts war, sie ermahnte, dass, wenn es ihr nicht gelänge, eine Tasse Milch für mich zu erbetteln, ich alsbald würde sterben müssen. Ich frage mich, ob mein Bestreben, jederzeit genug zu essen für unerwarteten Besuch im Hause zu haben, vielleicht von da her rührt?

Nach etwa drei Wochen erreichte meine Mutter die Stadt, aus der mein Vater stammte. Chemnitz. Sie war erschöpft und wusste, dass sie für die nächste Zeit gut bei meiner Großmutter aufgehoben sein würde.

Verhaftung

von Hans

Ich wurde am 10. Mai 1945 gefangen genommen. Der Krieg war vorüber und jeder Soldat musste selbst zusehen, wie er heimkam. Von der russischen Front musste ich mich über die Tschechoslowakei bis zu meiner Heimat in Ostdeutschland durchschlagen. Anfangs kamen wir per Anhalter mit Transportwagen des Militärs fort, die allerdings bald beschlagnahmt wurden. Wenn man zu Fuß in der Gruppe unterwegs war, konnte man sich schlecht verstecken. Ich beschloss, alleine zu gehen und hatte es beinahe geschafft. Beinahe heißt, bis etwa 200 Kilometer von zu Haus. Aber das Schicksal nahm einen anderen Lauf...

In der Gegend von Kolin schwamm ich durch die Elbe. Ich war hungrig und elend. Meine Anziehsachen waren nass, und ich hatte sie zum Trocknen über flaches Gebüsch gehängt. Nackt und erschöpft schlief ich ein. Als ich aufwachte, war ich von elf Tschechen umgeben. Da war keine Möglichkeit des Entkommens, also ergab ich mich.

Nach drei Tagen in einem Sammellager wurden wir den russischen Behörden ausgeliefert. Damals erschien uns das als eine Erleichterung, denn die Russen behandelten uns besser als die Tschechen, denen wir verhasst waren. Kurz darauf wurden wir ins berüchtigte Vernichtungslager Auschwitz gebracht. Die meisten von uns hatten keine Ahnung, was sich während des Krieges hier abgespielt hatte. Allein die Wachen haben uns darauf aufmerksam gemacht – und natürlich war es, abgesehen davon, dass die Lebensverhältnisse aufgrund der Masse an Menschen unerträglich waren, auch deprimierend, ausgerechnet an diesem Ort gelandet zu sein. Es waren über 30.000 Kriegsgefangene dort, und täglich wurden es mehr.

Ende Juni war es an mir, einem unbekannten Ziel zugeführt zu werden. Wie sich herausstellte, handelte es sich um ein

Lager nahe der Stadt Tscheljabinsk, die sich im Osten des Urals, dem Grenzgebirge zwischen Europa und Asien, befindet, knapp 4000 km von der Heimat entfernt. Es dauerte 26 Tage, bis wir dort waren.

Anfangs waren wir 45 Männer pro Waggon. Wie die Sardinen lagen wir da, ohne Pritschen und ohne Decken, eng aneinander gequetscht. Nachdem wir die Grenze zu Russland passiert hatten, mussten wir den Zug wechseln, denn die Spuren der russischen Eisenbahn waren breiter als die der Unseren. In die weit größeren Waggons passten 90 Leute.

Einmal täglich gab es ein warmes Essen, das aus gestampften Bohnen und ein wenig Brot bestand. Wir bekamen nicht genug zu trinken und litten furchtbaren Durst. Wenn es regnete, versuchten wir, mit den Deckeln unserer Feldflaschen einige Tropfen zu erhaschen, indem wir die Arme aus den winzigen Wagenfenstern streckten.

Die sanitäre Lage war grauenhaft. In der Nähe der Tür gab es eine Pissrinne, doch für das andere Geschäft mussten wir ein Loch im Boden treffen. Es stank wie im Saustall, denn viele von uns hatten bereits Durchfall.

Es gab Verluste. Sechs oder sieben von uns starben auf dem Weg durch die Ukraine. Die Wachen mussten peinlichst darauf achten, mit ebenso vielen Gefangenen anzukommen, wie es zur Abreise gewesen waren. Wir waren ursprünglich 800 Mann. Sie griffen an Haltestellen herumlungernde Männer auf und zwangen sie in den Zug. So ging die Rechnung wieder auf. Was mit den Leichen geschah, weiß ich nicht.

Wir erreichten Tscheljabinsk am 26. Juli 1945.

Unseres war das Lager Nummer 22 namens Korkino. Es war ein leerstehendes, ehemaliges Gefängnis. Da es nicht genug Platz für 800 Leute bot, mussten einige von uns in Zelten schlafen, was ich bevorzugte. Das eigentliche

Gefängnis war nämlich voller Bettwanzen, die das Schlafen unmöglich machten. Im Zelt war es bis Mitte Oktober erträglich. Ab da wurde es bitterkalt. Nach zwei Wochen wurde uns die Arbeit zugeteilt. Einige mussten neue Baracken für uns bauen, andere untertage in Kohleminen schuften.

Geschichtliches

von Elke

Um den Kontext meiner Erzählungen verständlicher zu machen, scheint mir ein Blick in die Geschichtsbücher der westlichen Welt hilfreich (bestimmt würden es russische Geschichtsbücher anders darstellen).

Nach Beendigung des zweiten Weltkriegs und der bedingungslosen Kapitulation Deutschlands kamen die Alliierten im August 1945 überein, Deutschland zeitweise in vier Besatzungszonen aufzuteilen, um Recht walten zu lassen und sicher zu stellen, dass die Nazis nie wieder an die Macht kämen. Sie wollten Deutschland die Fähigkeit zur Kriegsführung nehmen, Abrüstung forcieren und eine zentrale Regierung verhindern. Zu der Zeit war auch die Hauptstadt Berlin, inmitten der russischen Besatzungszone gelegen, viergeteilt. Somit war Westdeutschland gänzlich von den Siegermächten USA, England und Frankreich, Ostdeutschland hingegen von der UdSSR abhängig. Die Sowjets bestanden, weil sie die meisten Opfer zu verzeichnen hatten (mindestens so viele, wie die anderen Alliierten zusammen), auf dem größten Stück Land. Um die 20 Millionen Sowjets, Soldaten wie Zivilisten, waren im Krieg ums Leben gekommen. Der Gedanke an Revanche war also nicht abwegig.

Zuerst schien die Aufteilung logisch. Die Russen behandelten Ostdeutschland nicht schlechter, als die Amerikaner, Briten und Franzosen ihren Teil des Landes oder ihren Teil Berlins. Letztere schlossen sich alsbald zusammen, um Westdeutschland in ein demokratisches Deutschland zu verwandeln. So entstand die Bundesrepublik Deutschland mit ihrer Hauptstadt Bonn. Während die Alliierten dem kaputten Land halfen, wirtschaftlich wieder auf die Füße zu kommen, wurde die Wirtschaft in Ostdeutschland von den Russen schwach gehalten. Ein jeder hatte sich der Denazifizierung zu unterziehen und der kommunistischen Ideologie zuzuwenden. Es wurde bald klar, dass Russland die Kontrolle über Osteuropa übernehmen wollte. Die USA und England stellten sich dagegen, woraus der Kalte Krieg mit seinem immensen Wettrüsten resultierte.

Zwölf Millionen deutschsprachige Siedler aus Polen, Böhmen, Ungarn, Rumänien und der Tschechoslowakei, deren Vorfahren dort schon seit Jahrhunderten gelebt hatten, wurden vertrieben. Viele wurden getötet oder in russische Arbeitslager verschleppt. Vor dem zweiten Weltkrieg hießen diese Gegenden Ostpreußen, Pommern, Schlesien, Estland und Lettland. Die Flüchtlinge hatten ihr gesamtes Hab und Gut zurücklassen müssen und wurden schließlich in Ost- oder Westdeutschland angesiedelt. Ganz Osteuropa war unter Stalins kommunistische Vorherrschaft gefallen.

Die USA, England und Frankreich empfanden es als ihre Pflicht, Westdeutschland zu schützen und zu einer demokratischen Regierung zu verhelfen. Sie setzten sich vehement gegen eine Ausbreitung des Kommunismus ein. Die UdSSR indes verlangte Reparationszahlungen von ihrem Teil Deutschlands. Sie installierte die Stasi als Geheimpolizei, welche die Ostdeutschen ausspionieren und sicherstellen sollte, dass es keine Abweichler, keinen Aufstand, keine freie Meinungsäußerung und keine Demokratie gab. Stalin wollte nicht nur den Osten Deutschlands besetzen, sondern obendrein ganz Berlin, das wie eine Insel inmitten Ostdeutschlands lag, für sich beanspruchen. Die USA, England und Frankreich aber waren nicht bereit, ihre Teile aufzugeben.

Berlinblockade

Ich werde den Amerikanern und Briten, deren Luftstreitkräften es mit heldenhafter Entschlossenheit gelungen war, Westberlin vor der versuchten Übernahme durch die Sowjets zu bewahren, auf ewig dankbar sein, denn schließlich hat Berlin meiner Mutter und mir sehr viel später als Tor in die Freiheit auf unserer Flucht aus dem Osten gedient.

Ungeachtet der Gefahr, dass die Sowjets jegliches Resultat ignorieren würden, trafen sich die drei westlichen Alliierten Anfang 1948, um über die Zukunft Deutschlands zu befinden. Der Marshallplan besiegelte den wirtschaftlichen Zusammenschluss der westlichen Besatzungszonen und die Errichtung eines föderalen Regierungssystems. So wurden die drei einzelnen Zonen in Berlin zu Westberlin.

Nachdem sich Stalin am 9. März mit seinem Militärstab getroffen hatte, wurde ein geheimes Memorandum an Vyacheslav Molotov übersandt. Es beinhaltete eine Strategie, nach welcher durch die „Regulierung" des Grenzübertritts nach Berlin die Grundsätze der westlichen Alliierten mit den Plänen der Sowjetregierung auf Linie gebracht werden sollten. Am 25. März erließen die Sowjets Vorgaben, die den westlichen Militär- und Personenverkehr zwischen der amerikanischen, der britischen sowie der französischen Zone und Berlin stark einschränkten. Keine Fracht konnte Berlin über den Schienenweg ohne die Erlaubnis des sowjetischen Befehlshabers verlassen. Jeder Zug und auch jeder LKW mussten von den sowjetischen Behörden durchsucht werden. Um damit klarzukommen, wurde Nachschub fürs Militär der Westalliierten durch Flugzeuge nach Berlin gebracht. Zwanzig Flüge täglich. So wurden Lebensmittelvorräte geschaffen, um auf weitere russische Maßnahmen vorbereitet zu sein.

Die Berlinblockade (Juni 1948 - Mai 1949) war eine der ersten größeren, internationalen Krisen im Kalten Krieg. Die Sowjets unterbanden in der Annahme, dass die Alliierten durch eine komplette Blockade schließlich nachgeben würden, jeglichen Zugang zu Straßen, Schienen und Kanälen, die Berlin mit dem übrigen Westdeutschland verbanden. Als Antwort darauf wurde von den Alliierten die Berliner Luftbrücke installiert, welche die Einwohner Westberlins mit Lebensmitteln versorgte. Kein leichtes Unterfangen – lag doch die Einwohnerzahl seinerzeit bei etwa 3 Millionen. Luftstreitkräfte aus aller Herren Länder (USA, Großbritannien, Frankreich, Kanada, Australien, Neuseeland und Südafrika) flogen über 200.000 Einsätze in einem Jahr. Sie stellten den Berlinern täglich bis zu zwölf Tonnen lebenswichtiger Dinge wie Essen und Benzin zur Verfügung. Es war ein großartiger Erfolg gelungener Kooperation!

Am 12. Mai 1949 wurde die Blockade von der UdSSR aufgehoben. Trotz alledem versorgten die USA, Großbritannien und Frankreich die Stadt weiterhin über die Luft, aus Angst, dass die Sowjets ganz einfach wieder dichtmachen könnten. Der Kalte Krieg hatte begonnen, als die Alliierten gewahr wurden, dass Stalins wahre Absicht darin lag, Berlin gänzlich unter seine Vorherrschaft zu bringen.

Bitterarmes Volk

von Hans

In diesem Bericht gibt es nichts zu lachen, sondern eher nur Bedauern und Mitleid. Ich denke jetzt zurück an das Jahr 1945, also das erste Jahr nach dem 2. Weltkrieg. Die Sowjets hatten zwar den Krieg gewonnen, aber dem Volke fehlte es an allen Dingen des täglichen Bedarfs.

Hier muss ich einfügen: Anfang 1945, als schon abzusehen war, dass wir den Krieg verlieren und wahrscheinlich in sowjetische Kriegsgefangenschaft geraten würden, sagte irgendjemand zu mir: „Lerne russisch und du kommst durch!" Das habe ich auch beachtet. Ich lernte russisch nicht nur sprechen, sondern auch lesen und schreiben. Sehr bald ist mir das auch zu statten gekommen.

Im Lager musste ich eine Strichliste führen über Leute, die zur Arbeit ausrückten und die, die krank im Lager zurückblieben. Aber es gab keinerlei Papier dazu. So besorgten wir uns Bretter, hobelten sie glatt und darauf schrieben wir mit Bleistift.

Nach vielen Monaten kam der Arbeitsoffizier zu mir und jubelte: „Jetzt habe ich Papier!" Es waren aber Pulversäcke aus dem Schacht, die sehr schmutzig und zerknittert waren. Er besorgte dann ein altes, primitives Bügeleisen, nahm eine Tasse Wasser in den Mund, spritzte diese über das Papier und bügelte es dann. Das Papier war nun zwar glatt, aber durch das Wasser hatte sich der Leimgehalt des Papiers aufgelöst, und so war es kaum noch mit Tinte zu beschreiben.

Ach, Tinte! Wo hätte man sie hernehmen sollen? Es gab keinen Laden für Schreibbedarf. Ich musste sie schließlich selbst herstellen, indem ich eine Miene von einem vom Kriege herübergeretteten Kopierstiftstummel im Wasser auflöste. Zum Schreiben gehört aber neben Papier und Tinte auch ein Federhalter. Der Arbeitsoffizier war sehr stolz, als er mir eines Tages eine alte Stahlfeder brachte. Ich schnitt irgendwo einen Zweig ab und befestigte die Stahlfeder mit Zwirn an dessen Ende. Das war mein Federhalter. Nun erst war ich ein richtiger Schreiber im Büro des Lagers! Ein Tischler machte für mich ein Schreibzeug, also einen Holzklotz mit einem Loch drin für das Tintenfass und mit einer Rille für den Federhalter. Dieses Schreibzeug existierte allerdings nur einen Tag, denn am nächsten war es schon gestohlen. Der Tischler fertigte mir ein neues an. Diesmal habe ich es aber mit zwei 5 Zoll langen Nägeln durch die Tischplatte geschlagen. So hielt es wenigstens fest.

Im Lagerbüro arbeitete übrigens auch eine Russin, die mich - vielleicht aus patriotischer Pflicht - sehr hasste. Das hinderte sie aber nicht daran, sich jeden Morgen von mir den Kamm zu leihen. Sie kam jeden Morgen mit zerzausten Haaren, weil sie zu Hause keinen Kamm hatte.

Es gab überhaupt keine Läden, in denen man hätte etwas für den täglichen Bedarf kaufen können. Die Russen hatten sich daran gewöhnt, alles im Haus Notwendige in ihren Betrieben zu stehlen. Sie führten eine Art Tauschhandel mit anderen Familien, die in ihren Betrieben etwas Anderes stehlen konnten. Aber wie sollte zum Beispiel unsere russische Lagerverwaltung etwas stehlen, da bei uns ja nichts produziert wurde?

Nun, das ging aber auch! Ein Beispiel dafür: In unserem Lager fehlten andauernd Glühbirnen. Einige Kameraden hatten die Möglichkeit, in den Betrieben, wo sie arbeiteten, welche zu stehlen. Komischerweise waren sie aber auch bei uns sehr schnell wieder verschwunden. Wir merkten, dass das russische Personal die Glühlampen wieder bei uns gestohlen hatte. Wir verhinderten das schließlich, indem wir ein Drahtgitter an dem Strom anschlossen und um die Glühlampen herum legten, sodass, wer die Lampen stehlen wollte, einen elektrischen Schlag bekam.

In den Häusern der Russen gab es auch kaum Lampenschirme. Die Glühlampe hing einfach nackt von der Decke. Aber einige Russen waren doch handwerklich so geschickt, dass sie aus Blech Lampenschirme herstellen konnten. Und woher kam das Blech? Aus den berühmten Oscar Meyer Dosen, die noch von den amerikanischen Kriegslieferungen herstammten. So konnte man an vielen Lampenschirmen lesen: Oscar Meyer Schweinefleisch!

Nun könnte jemand vermuten, dass diese Armut eine Folge des Krieges war. Aber das stimmt nur zum Teil. Die Russen hatten ja schon vor dem Krieg keine solchen Läden für Verbrauchsgüter gehabt. Und auch nach dem Krieg wurde das Schwergewicht der Industrieproduktion nur auf die Rüstungsgüter gelegt. Die Verbrauchsgüter wurden stark vernachlässigt.

Es wurde auch alles kaum besser. Noch in den 50-er Jahren erlebten wir folgendes:

Damals bekamen wir schon regelmäßig monatlich von deutschen Hilfsorganisationen Pakete mit Konserven und anderen Lebensmitteln geschickt. Die leeren Dosen wurden gesammelt und von Zeit zu Zeit zur Müllkippe gebracht. Dort warteten schon eine große Anzahl Russen darauf. Und wenn der Lastwagen wegfuhr, stürzten sie sich darauf und prügelten sich über die schönsten Keksdosen, Kakaodosen und andere.

So leben die Völker der Sowjetunion auch heute noch: in bitterster Armut, sodass noch im Winter 1990/91 das besiegte Deutschland dem Sieger Sowjetunion große Mengen CARE-Pakete schicken musste, um dort eine Hungersnot zu vermeiden.

In der Brotfabrik

von Hans

In den Jahren 1946/47 herrschte in der Sowjetunion große Hungersnot. Als Ursache konnte man nennen: die Folgen des Krieges, eine Missernte, und natürlich das kommunistische Wirtschaftssystem.

Da wurden einmal für ein besonderes Kommando im Lager Maler gesucht. Ich meldete mich dazu. Ich bin zwar kein Anstreicher, aber ein gewisses künstlerisches Talent zum Malen kann man mir nicht absprechen.

Bald stellte sich heraus, was unsere Aufgabe war: nämlich die Wände und die Decke in einer großen Brotfabrik in Tscheljabinsk (das liegt ostwärts vom Ural) zu streichen.

Wir Kriegsgefangenen waren zu dieser Zeit total ausgehungert und abgemagert. Nun muss man sich das vorstellen: Da kommt eine Gruppe abgemagerte Gestalten in eine große Halle mit Regalen voll von tausenden von Brotlaiben. Natürlich stürzten sie sich zuerst einmal auf diese Brote. Das wurde auch geduldet, denn die Zivilisten, überwiegend Frauen, die in der gleichen Halle arbeiteten, machten es ja genauso.

Ich erinnere mich noch, dass ich an diesem ersten Tage zwei ganze Kilobrote gegessen habe. Das wäre noch zu ertragen gewesen, aber man musste dazu natürlich auch sehr viel trinken. Das einzige Getränk, das es gab, war das russische National-Getränk „Kwas", ein erfrischendes Getränk, das aus Sauerteig und viel Wasser hergestellt wird. Man kann sich denken, dass das nicht gut gehen konnte; so viel Brot, das ja auch aus Sauerteig gemacht wurde und dann noch das Getränk darauf. Es musste ja zu einer Gärung im Bauch führen, die zu einer Kolik ausartete. Ich weiß noch genau, dass ich nach der Rückkehr in das Lager nur noch stöhnend auf dem Strohsack lag und glaubte, mein letztes Stündlein habe geschlagen.

Ich habe es schließlich noch einmal überstanden. Aber seit dieser Zeit, bis auf den heutigen Tag, habe ich unerklärliche, nächtliche Schmerzen durch Blähungen im Bauch. Das ist nun über 40 Jahre her. Kein Arzt konnte bisher eine Erklärung dafür finden. In den folgenden Tagen aßen wir natürlich vorsichtiger und weniger. Allmählich aßen wir nur noch die Kruste, die ganz leicht mit etwas Öl getränkt war, und zwar, weil das Brot in Blechkästen gebacken wurde, die leicht eingeölt waren.

Als wir dabei waren, die Decke der Halle zu streichen, konnten wir von dem hohen Gerüst beobachten, dass die Frauen auch manchmal heimlich einige Weißbrote in den Regalen versteckten. Weißbrot war zu dieser Zeit eine Seltenheit. Es war nur für die höchsten Bosse der Fabrik gedacht. Jedenfalls haben wir uns dann auch an dem Weißbrot schadlos gehalten.

Aber damit nicht genug: Wir nahmen auch noch Brot mit in unser Lager. Das war gar nicht so einfach, denn die Ausgänge der Halle waren mit Kontrollen abgesperrt. Man konnte also durch die Türen kein Brot herausbringen. Einige Kameraden, die z.B. Bauschutt aus der Halle tragen mussten, versteckten unter dem Bauschutt ein Brot. So hatten sie es durch die Kontrolle bringen können. Das war dann zwar ziemlich dreckig, aber Hygiene galt damals nichts. Ich habe sehr bald einen anderen Weg gefunden.

In dem Treppenhaus, das von der Halle abgetrennt war, befand sich hoch oben ein kleines Fenster, das immer offenstand. Also habe ich mit anderen Kameraden einen Zeitpunkt verabredet, an dem sie draußen unter dem Fenster warten sollten. Ich habe dann mit genialem Schwung die Brote hoch durch das Fenster geworfen und sie haben es draußen aufgefangen. So galt ich also bald als der beste Brot-Organisator. Statt stehlen sagten wir immer vornehmer „organisieren". So konnten alle noch genug Brot mit ins Lager nehmen. Selbst der Zivilist, der uns, mit einer alten Flinte bewehrt, auf dem Transport vom Lager zur

Brotfabrik und zurück begleitete, bekam noch genug Brot ab. Der war ein armer Kerl. Er hatte acht Kinder zu Hause.

Die Kontrollen am Lager Tor waren ziemlich locker gehalten, sodass wir alles Brot mit ins Lager durchbrachten. Man musste allerdings das Brot gut am Körper verstecken, z.B. unter der Mütze, in den Stiefelschäften, in den Ärmeln, die vorn zugebunden waren, oder in eigens für diesen Zweck in die Wattejacken eingenähten Taschen auf den Schultern.

Jedenfalls habe ich täglich bis zu drei Kilo Brot auf diese Weise mit ins Lager gebracht. Das Brot hat dabei allerdings seine originelle Form ziemlich verloren. Es war böse zerquetscht. Aber welcher Ausgehungerte schaut schon auf eine schöne Form des Brotes?

Das mitgebrachte Brot habe ich zum Teil an Kameraden verteilt, zum anderen Teil legte ich mir eine Reserve an. Diese war gedacht für die Zeit danach. Ich hatte in der Küche einen Kameraden, der für mich das Brot geröstet hat, und zwar steinhart, dass alles Wasser verdunstet war. Solch hartes Brot hatte ich schon während des Krieges bei sowjetischen Soldaten in der Notration vorgefunden. Dieser Kamerad bekam natürlich für seine Arbeit auch einen Teil davon.

Aber das wurde mir auch zum Verhängnis: Ich sammelte das getrocknete Brot in einem Sack und versteckte ihn zwischen meinem Strohsack und der Wand. Eines Tages aber war dieser Sack verschwunden. Am selben Abend kam noch der NKWD-Offizier mit seinem Dolmetscher in unser Zimmer und warf mir vor, ich hätte meine Flucht vorbereitet, indem ich solches Hartbrot gehamstert hätte.

Ab sofort durfte ich nicht mehr zur Brotfabrik ausrücken, sondern wurde einem anderen Kommando zugeteilt. Das Glück dauert, wie ich später noch einmal sagen werde, nirgends ewig, erst recht nicht in der Sowjetunion. Diesmal dauerte es nur drei Wochen. Ein neidischer Kamerad hatte mich an die Russen verraten.

Arbeit, Arbeit über alles

von Hans

Nach eigenen Angaben Stalins hat die Sowjetunion im 2. Weltkrieg 3,3 Millionen Kriegsgefangene gemacht. Davon ist ein Teil schon während des Krieges verstorben. Bei Kriegsende waren es noch mindestens 2 Millionen. Die genügten Stalin aber nicht. Deshalb hat er noch vor Ende des Krieges und auch danach, aus den deutschen Ostprovinzen einige Hunderttausend als Internierte zur Zwangsarbeit in der Sowjetunion verschleppt.

Man muss bedenken, dass nach Auffassung der Kommunisten, der Mensch nur einen Wert als Arbeitskraft hat. Stalin hat das einmal auf die ganz einfache Formel gebracht: „Wer nicht arbeitet, soll auch nicht essen!" Er hat ja auch sein eigenes Volk nicht besser behandelt als uns Kriegsgefangene und Internierte.

Jetzt, nach dem Zusammenbruch des sowjetischen Systems, kann man aus den Enthüllungen entnehmen, wie viele Menschen er und seine Helfershelfer im Laufe der mehr als 70 Jahre ihrer Herrschaft entweder direkt ermordet oder durch Zwangsarbeit zu Tode gebracht haben. Die höchste Zahl, die ich bisher aus den Enthüllungen entnommen habe, lautet 53 Millionen, also Menschen aus dem eigenen Volk!

Wenn ich nun von Arbeit berichte, so kann das leicht langweilig werden. Deshalb bringe ich nur einige Beispiele, wo die kommunistische Ausbeutung der Sklaverei in großen Unsinn und Wahnsinn ausartete.

So mussten wir zum Beispiel im tiefsten Winter 1945/46 noch bei Temperaturen bis zu minus 51 Grad Celsius Kälte im Freien arbeiten. Wir sollten mit Brechstangen Löcher für Zaunsäulen in die Erde schlagen.

Trotz unserer Kleidung (Pelzmantel, Pelzkappe mit Ohrenschützern, Filzstiefeln und auch noch einem Tuch vor Nase und Mund, damit sie nicht erfroren), war es furchtbar kalt. Wir konnten nur überleben, indem wir fünf Minuten draußen arbeiteten und dann für zehn Minuten in einen warmen Raum zum Aufwärmen gingen. Die ganze Tagesleistung war höchstens eine Mütze voll nussgroßer Brocken des steinhart gefrorenen Bodens.

In den Jahren 1947 bis 1949 arbeitete ich zeitweilig im Kohlebergbau. Ich sage zeitweilig, weil ich jedes Mal nach etwa zwei bis drei Monaten bei der Gesundheitsuntersuchung (Kommissionierung) für leichtere Arbeit über Tage zugeteilt wurde.

Sobald ich etwas bei Kräften war, kam ich wieder in den Schacht. Die primitiven Verhältnisse in diesem Ort kann sich ein deutscher Bergarbeiter bestimmt nicht vorstellen.

Der Einstieg in den Schacht war wie ein einfaches Brunnenloch im freien Gelände. Dort mussten wir eine senkrechte Leiter, bei der auch noch einige Sprossen fehlten, hinuntersteigen. Schon nach 6 Metern waren wir an der Kohleschicht angelangt. Der Stollen, in dem wir die Kohle abbauen sollten, hatte ein starkes Gefälle nach unten. Es waren Rutschen aus Blech verlegt, auf denen die Kohle herunterrutschte. Nach den Vorschriften des Sicherheitsoffiziers durften wir uns eigentlich gar nicht in dieser Rutsche bewegen. Aber weil kein anderer Weg vorhanden war, mussten wir in dieser Rutsche nach unten zu den Arbeitsplätzen gleiten.

Wir mussten die ganze Kohle mit dem Pickel abhauen. Gesprengt wurde so gut wie nie, weil kein Pulver vorhanden war. Wenn ein kurzer Abschnitt des Stollens leer gehauen war, mussten wir die Verstrebungen aufstellen. Diese waren aus Rundhölzern, und sie wurden auch über die Blechrutsche hinuntergelassen. Weil Holz nun schneller rutscht als ein Mensch, habe ich eine Delle in meiner Schädeldecke, denn irgendein Idiot hatte ein Rundholz hinuntergelassen, ehe ich von der Rutsche war. Es brachte mich fast um.

Die Kohle wurde am unteren Ende des Stollens in Karren gesammelt und diese dann in Loren gefüllt. Das Schlimmste in diesem Schacht war der Zustand der horizontalen Querstrecke, in der die Loren auf Gleisen liefen. Leider liefen sie meist nicht, denn die Strecke stand häufig unter Wasser oder war durch Schlamm abgerutscht, sodass die Loren umkippten und dann stundenlang kein Verkehr möglich war. Es blieb uns gar nichts anderes übrig, als in unserem Stollen zu warten, bis wieder einmal die Kohle weiter nach unten abrutschte.

Einmal war in unserem Stollen die gesamte Verstrebung zusammengebrochen. Das Gestein über uns sank immer weiter herab, sodass zwischen der rutschenden Kohle und dem Gestein gerade noch so viel Platz blieb, dass ein Mensch liegend hindurch rutschen konnte.

Zufällig kam ein Arbeits-Offizier aus unserem Lager uns besuchen und sagte zu mir: „Gans," (er sagte Gans, weil die Russen kein H aussprechen können) „eigentlich dürfte man ja nach den Sicherheitsbestimmungen hier gar nicht mehr arbeiten. Aber was bleibt uns denn übrig?" So war unsere Arbeit auch manchmal lebensgefährlich.

Dass die Sowjets ihre Landsleute genauso ausbeuteten, wie uns, soll ein kleines Beispiel zeigen:

Ein russischer Schachtarbeiter, genauer gesagt, ein Volksdeutscher, war wirklich ein Bestarbeiter. Der arbeitete wie ein Pferd. Er war nicht als Hauer eingesetzt, sondern arbeitete als Rutschenverleger. Der kam eines Tages sehr erbost zu mir und sagte: „Stell dir vor, was mir passiert ist! Nun bin ich doch wirklich so ein Wühler und habe weit über die Norm erfüllt. Und nun, weil ich so viel gemacht habe, habe ich natürlich auch mehr Blech verbraucht, als nach dem Plan vorgesehen war. Und was macht man? Man zieht es mir alles vom Lohn ab, sodass ich keinen Lohn kriege für diesen Monat."

Ein anderes Beispiel aus dieser Hungersnotzeit: Die Schweinewärter werden jährlich entlohnt nach ihrem Erfolg. Nämlich nach der Gewichtszunahme der Schweine. Wenn nun der Schweinewärter selbst nichts, oder so gut wie nichts, zu essen hatte, blieb ihm ja gar nichts anderes übrig, als das Futter der Schweine mitzuessen. Und so kam es, dass in diesem Jahr seine Schweine gewichtsmäßig überhaupt nicht zugenommen, sondern eher noch abgenommen hatten. Der Erfolg war, dass er für dieses Jahr wieder keinen Lohn bekam, und er musste sich weiter ans Schweinefutter halten.

Da wir gerade von Schweinefutter sprechen, muss ich hier etwas einfügen: Auch ich selbst habe einmal, in größter Hungersnot 1946 den Schweinen das Futter weggegessen. Es waren zwar nur Spelzen, die beim Dreschen des Getreides weggeblasen werden, aber man hatte doch wenigstens einmal das Gefühl, einen vollen Magen zu haben. Auch, wenn es kaum Nährwert hatte. Dieses Erlebnis bedrückt mich heute noch. Es war der tiefste Punkt meines Lebens.

Interessant waren auch oft Unterhaltungen mit russischen Arbeitern. Einer wollte mir einmal klarmachen, dass bei ihnen ja doch Sozialismus herrscht und dass es keine Klassenunterschiede gebe. Da habe ich ihm folgendes gesagt: „Nun pass mal auf, Du kennst doch Axjonow?" „Ja", sagte er, „das ist der Direktor unseres Kupferbergwerks." (Es ging das Gerücht um, dass dieser Axjonow an der Ermordung der Zarenfamilie in Swerdlovsk teilgenommen habe, und er als Dank dafür diesen Posten als Direktor bekommen habe). Ich sagte: „Wie kommt denn der jeden Tag an seinen Arbeitsplatz?" „Der fährt mit dem Auto." Ich fragte weiter: „Du kennst doch den Saturnitzki?" „Ja, das ist der Leiter der Reparaturabteilung." „Und wie kommt der an seinen Arbeitsplatz?" „Der hat im Sommer eine kleine Kutsche und ein Pferdchen davor, und im Winter einen

Schlitten." „Na und du, du kommst zu Fuß! Das ist der Unterschied zwischen Kapitalismus und Sozialismus. Beim Sozialismus gehört die Fabrik dem Arbeiter und der Chef fährt im Auto. Im Kapitalismus gehört die Fabrik dem Chef und der Arbeiter kommt im Auto."

Ein anderes Beispiel:

Einmal beim Frühstück wollte mir ein russischer Arbeiter die Segnungen des Kommunismus beibringen. Darauf habe ich ihm erwidert: „Nun wollen wir doch mal unser Frühstück ansehen! Was hast Du denn mit?" „Na, ein paar Scheiben trockenes Brot und ein paar Pellkartoffeln." „Sieh mal her, was ich hier habe: Brot, Butter und Schinken drauf. Weißt Du, ihr, ihr habt den Krieg gewonnen und esst nur trocken Brot und Pellkartoffeln. Wir haben den Krieg verloren, und essen Brot und Schinken!" „Ja," sagte er, „nicht wir haben den Krieg gewonnen, mit uns hat man den Krieg gewonnen. Und die, die mit uns als Mittel den Krieg gewonnen haben, die essen auch Wurst und Schinken." Das war allerdings schon in der Zeit, als wir genügend Pakete aus der Heimat bekamen.

Die Kommissionen

von Hans

Es handelt sich hier keineswegs um Kommissionen im Sinne von Kremien von Experten, die über irgendetwas diskutieren oder etwas untersuchen sollen. Eher muss man sagen, es war eine „monatliche Magerfleischbeschau", bei der nur eine Person eine wichtige Rolle spielt, nämlich eine russische Ärztin. Als Statisten galten die Kriegsgefangenen, die nackt einzeln vor sie hintreten mussten.

In den ersten Monaten nach dem Krieg hieß es dabei auch noch: „Arme hoch!" Denn in der Achselhöhle war bei den Angehörigen der Waffen-SS die Blutgruppe eingraviert. Und es hieß auch: „Sack links und Sack rechts!" Angeblich war in dieser Gegend bei den Angehörigen der GESTAPO ebenfalls die Blutgruppe eingraviert. Eigentlich konnte die Ärztin schon beim Anblick der Jammergestalten den Gesundheitszustand der Kriegsgefangenen beurteilen.

Nur einmal griff sie zu. Da hieß es: „Umdrehen!" Und dann kniff sie in den Po. Der Po ist das sicherste Zeichen für den Gesundheitszustand eines Menschen. Ist er voll und rund, dann ist der Mensch gesund. Hängen die Backen aber nur als schlaffe Hautfalte herunter, sodass der Po eine senkrechte Linie und unten eine quere hat, dann ist er total abgemagert.

Nach diesem Befund war es die Aufgabe der Ärztin, die Kriegsgefangenen in Arbeitskategorien einzuweisen. Es gab folgende Kategorien:

Kategorie 2: Kräftig und für 8 Stunden Arbeit geeignet.
Kategorie 3: weniger kräftig, für leichtere Arbeit für 6 Stunden geeignet.

Kategorie 4: für 4 Stunden Arbeit noch geeignet.

Kategorie o.k.: das heißt nicht „okay", wie im Englischen - das war das Genesenden Kommando.

Diese Gruppe wurde nur zu Arbeiten innerhalb des Lagers eingeteilt. Und schließlich die letzte Gruppe, das waren die Dystrophiker, die also mehr als nur abgemagert, sondern schwer leidend waren. Diese Letzteren wurden ins Lagerlazarett zum Aufpäppeln überwiesen.

Nur die Gruppe 2 wurde im Schacht unter Tage eingesetzt. Die Ärztin war aber auch in dieser Hinsicht nicht allmächtig. Einmal hatte sie mich zur Gruppe o.k. eingruppiert. Aber das dauerte nur zwei Stunden. Danach hatte der NKWD-Offizier, für den ich schon ein schwarzes Schaf war, die Entscheidung korrigiert und ich wurde wieder der Arbeitsgruppe 2 zugeteilt. So musste ich weiter im Schacht arbeiten.

Verurteilung

von Hans

Das ist das finsterste Kapitel der ganzen Kriegsgefangenschaft in der Sowjetunion. Nicht nur für mich persönlich, sondern überhaupt für die Sowjetunion ist es die größte Schande, was sie sich damit auf Befehl Stalins geleistet hat. Ich muss da ziemlich weit ausholen um zu erklären, wie das alles gekommen ist. Gleich nach dem Kriege begann in den Lagern der sowjetische Geheimdienst aufzuklären, wer während des Krieges irgendwelche besonderen Aufgaben hatte, oder eventuell irgendwas verbrochen haben könnte. Ich wusste, dass die Sowjets besonders scharf drauf waren, Leute zu finden, die im sogenannten 1C-Dienst bei deutschen Einheiten gearbeitet hatten. Ich war ein solcher. Und zwar ist das in jeder Division die Feindaufklärungsabteilung, also das Sammeln von Nachrichten über die Lage drüben bei den Russen, zum Beispiel, wenn man gefangene russische Soldaten über die Verhältnisse drüben ausfragt, oder dass man von der Luftwaffe Luftbildaufnahmen bewertet, oder dass man vielleicht von einer Funkabhörkompanie Nachrichten bekommt, was drüben für Funksprüche laufen, usw.

Jedenfalls hatte ich das den Russen natürlich nicht gesagt, aber schließlich bin ich doch verraten worden. In meinem Lager waren nur zwei Soldaten, die davon wussten. Einer, der eigentlich mein bester Freund war und einer, der bei demselben Stab war, wo ich diesen Dienst geleistet hatte. Einer von beiden musste es also gewesen sein. Ich habe auch durch raffinierte Aufklärungsarbeit herausgefunden, wer es war - nämlich der, der mein bester Freund gewesen war. Du kannst dir denken, wie meine Einstellung anderen Kameraden gegenüber war: misstrauisch bis ins Letzte!

Das war im Jahre 1946, so etwa gegen die Weihnachtszeit. Ich wurde nun oft stundenlang vernommen und berichtete über meine militärische Tätigkeit, weil ja nun nichts mehr zu leugnen war. So kam dann der Heiligabend 1946 heran. Die

Sowjets hatten uns erlaubt, im Lager eine kleine Feier zu veranstalten. Ich hatte dafür mit dem Lagerchor Beethovens „Hymne an die Nacht" und Schuberts „Wiegenlied" eingeübt.

Es war aber gerade in der Zeit, als mich die NKWD-Leute besonders hart in den Krallen hatten. Eine Stunde vor der Feier wurde ich zur Vernehmung gerufen. Man versuchte, zum wievielten Male schon, Geständnisse über meine militärische Verwendung zu erpressen. Nach erfolglosen Misshandlungen hieß es: „In den Karzer, damit du gefügiger wirst!" „Dann bitte ich um Urlaub aus dem Karzer für die Weihnachtsfeier, weil sie ohne mich nicht stattfinden kann", sagte ich. „Was? Wir dulden es nicht, dass ein Faschist und Bandit unseren Lagerchor leitet!" Zuletzt kamen wir aber doch überein, dass ich erst nach der Feier eingesperrt werden sollte. Während ich dann dirigierte: „Heilige Nacht, o gieße du Himmelsfrieden in dies Herz", und „Schlafe, schlafe...", sitzen der Kommissar und der Dolmetscher dicht hinter mir in der vordersten Reihe, und ich spüre, wie sie mich mit teuflischen Augen fressen möchten. Nach der Feier kam aber niemand, um mich zum Karzer abzuholen. Ob das wohl Beethoven und Schubert bewirkt haben? Wer kann schon in das Innere der NKWD-Leute schauen? Jedenfalls war ich von dieser Zeit ab als „schwarzes Schaf" gebrandmarkt, aber man ließ mich in der Folgezeit ziemlich in Ruhe.

Erst gegen Ende 1949 wurde die Sache wieder aktuell. Wir kamen also im Dezember 1949 von Usswa nach Kisel zu etwa 100 Mann. Auch von anderen Lagern trafen ähnlich große Gruppen ein. Wir wurden dort in einer besonders abgesperrten Lagerzone untergebracht, und wenige Tage vor Weihnachten begannen dann die Verurteilungen. Stalin hatte befohlen, dass alle Kriegsgefangenen, die noch da waren, (also nicht nach Hause geschickt worden waren) als Kriegsverbrecher zu verurteilen wären, ganz egal, ob sie etwas getan hatten oder nicht.

Insgesamt sollten es, wie später ermittelt wurde, 27.000 Soldaten gewesen sein. Wir wurden also (400 Mann) innerhalb von 10 Tagen verurteilt. Jeden Tag 40. Die Prozesse dauerten nur wenige Minuten. Wir wurden durch eine Lücke im Lagerzaun in ein danebengelegenes Gebäude geführt. Das war ein richtiges Gefängnis. Nun muss man dazu sagen, dass die massivsten Häuser in der Sowjetunion die Gefängnisse waren. Sie waren aus festem Stein gebaut. Es gab Russen, die öfter mal ein kleines Verbrechen begingen, damit sie gut über den Winter kamen in einem Gefängnis. Dort wurden wir also zunächst in kleine Räume gesperrt, und von diesen jeder einzeln in eine Zelle geführt, etwa so groß wie eine Telefonzelle, und musste da noch stundenlang warten. Dann wurde man vor das Gericht geführt. Da gab es keinen Ankläger und auch keinen Verteidiger. Da wurde auch nicht mehr viel diskutiert, sondern das Urteil war schon vorher fertig geschrieben worden. Ich konnte nur noch sagen: „Ich habe dasselbe getan, wie eure Aufklärungsoffiziere in der Roten Armee." Aber das nützte alles nichts.

Meine drei sogenannten Verbrechen waren: 1.) Ich hatte sowjetische Gefangene über Verhältnisse bei ihrer Truppe ausgefragt. Das war also „Auskundschaften von sowjetischen Staatsgeheimnissen"! 2.) Ich hatte mit Hilfe von Lautsprecherwagen die sowjetischen Soldaten zum Überlaufen aufgefordert. 3.) Ich hätte mich mit Agenten befasst. Das war einfach dazu gelogen, denn das war nicht meine Aufgabe.

Jedenfalls, nach dem russischen Strafgesetzbuch Paragraph 58, Ziffer 4, 6 und 13 musste ich dreimal zum Tode verurteilt werden. Weil aber gerade zu dieser Zeit vorübergehend die Todesstrafe in der Sowjetunion abgeschafft war, wurde die Strafe umgewandelt in drei Mal 25 Jahre Zwangsarbeitslager. Nun hätte man denken können, dass ich darüber ganz und gar verzweifelt gewesen wäre. Aber wenn das nicht nur mir passiert, sondern in meinem Lager 400 anderen auch, dann denkt man anders darüber. Man hält das alles für eine Farce und glaubt nicht an den Ernst der Sache. Wir wurden dann wieder in das Lager zurückgeschickt und in eine Zelle eingesperrt, die eigentlich nur für 14 Personen vorgesehen war. Aber wir wurden in diese zu 64 Personen hineingesteckt. Es waren auch nur 14 Betten vorhanden und, da ich ziemlich zuletzt kam, fand ich nur noch unter einem Bett auf dem Steinboden Platz.

Über die ganze Angelegenheit machten wir uns dann noch lustig, indem wir zu 64 Mann alle Jahre zusammenzählten, die wir bekommen hatten und kamen auf etwa 1750 Jahre. Das Leben und Arbeiten ging dann in den Lagern fast genau so weiter wie vorher, nur, dass wir schärfer bewacht wurden und keinerlei Kontakt mit den russischen Zivilisten haben durften. Wir durften sogar schriftlich eine Revision beantragen. Das haben wir auch getan. Aber die Antworten, soweit sie überhaupt gegeben wurden, waren alle negativ. Erstaunlicherweise wurde bereits im Frühjahr 1950 ein Teil dieser Verurteilten, also sogenannte Kriegsverbrecher, nach Hause geschickt. Und so ist sehr bald im Westen bekannt geworden, welches Verbrechen an uns begangen worden war.

Auf diesem Wege hat auch meine Frau in Deutschland von einem Heimkehrer über diese ganzen Geschehnisse erfahren. Der Postverkehr mit der Heimat war allerdings für 1 1/2 Jahre abgebrochen worden. Ich kann noch ergänzen, dass dieser Heilig Abend 1949, an dem ich verurteilt wurde, auch noch mein 10. Hochzeitstag war. Die Verurteilung der Massen ist eine große Schande für die Sowjetunion. Wir sind zwar 1955 entlassen, aber nicht begnadigt worden, und auch bis heute ist noch keine formelle Rehabilitation von uns erfolgt.

Meine Behinderung

von Elke

Als ich ein Baby war, schien es so, als ob es mit meiner Gesundheit keine Probleme gäbe. Das blieb so, bis ich meine ersten Gehversuche unternahm. Unsere Nachbarin bemerkte, dass ich hinkte und mein linkes Bein bevorzugt benutzte. Sie ermutigte meine Mutter, einen Arzt nach mir sehen zu lassen. Es war eine angeborene Hüftdysplasie, ein zu dieser Zeit recht häufiger Geburtsfehler. Das Hüftgelenk meiner rechten Hüfte war deformiert, die Kugel war nicht in der Gelenkpfanne.

Glücklicherweise gab es im Dresdner Krankenhaus, das in weniger als zwei Stunden mit dem Zug zu erreichen war, einen Chirurgen, der sich auf dieses Problem spezialisiert hatte. Dr. Bischelberger wusste, wie man eine „unblutige" Operation durchführt. Meine beiden Beine wurden nach außen gedreht, an den Hüften gespreizt und sechs Monate lang in dieser Position eingegipst. Die Gelenkkugel wurde an ihren Platz gezwungen und der Knorpel hatte Zeit, um das Kugelgelenk herum zu wachsen. Ich war vom Bauch bis zum Po in Gips erstarrt. Nur für die Genitalien gab es eine Öffnung. Ich habe keinerlei Erinnerung an diese Zeit. Meine Mutter und Großmutter jedoch – da bin ich sicher – hatten einen enormen Pflegeaufwand zu bewältigen.

Nach sechs Monaten wurde der Gips entfernt und ich bekam eine Schiene für mein rechtes Bein von der Taille bis zum Fuß. Sie machte ein Geräusch am Knie, das sich anhörte wie ein piepsender Vogel. Ich war das Mädchen mit dem „Pieps".
Wir mussten alle sechs Monate zur Untersuchung ins Krankenhaus nach Dresden fahren. Die Stadt war während der letzten Kriegstage von den Bomben der Alliierten fast vollständig zerstört worden. Als ich etwas älter war, 5 oder 6 Jahre, habe ich das auf dem langen Weg vom Bahnhof zum Krankenhaus wahrnehmen können. Wir kamen durch verwüstete Viertel mit Straßen voller Schutt, vorbei an

Häusern, die bis auf den Boden niedergebrannt waren – die ganze Gegend lag in Trümmern.

Dieser Zustand hielt sich, nachdem der Krieg vorbei war, noch über Jahre. Als ich dann zur Schule kam, war es mir peinlich, die Schiene mit dem Piep zu tragen. Die Operation stellte sich als gelungen heraus, nur, dass mein rechtes Bein einen Zentimeter kürzer war als mein linkes. Anscheinend hatte die Hüftdysplasie mein Wachstum gehemmt. Ich wurde nur 1,55m groß, obwohl meine Eltern beide größer waren. Von jeglichem Sport blieb ich ausgeschlossen - und das ist meine Entschuldigung, warum ich weder besonders athletisch, noch wettbewerbstauglich bin.

Der Rat des Arztes war es, einen Beruf zu finden, in dem ich nicht viel würde laufen müssen. Ich hielt dies tunlichst geheim, als ich mich mit 20 Jahren um eine Stelle als Flugbegleiterin bewarb. Keine Ahnung, wie viele Kilometer ich während der vier Jahre, in denen ich international von New York nach Europa geflogen bin und weiterer 16 Jahre Inlandsflügen in den Vereinigten Staaten, zu Fuß zurückgelegt habe.

Eine heile Kindheit

von Elke

Von der Geburt bis zu meinem elften Geburtstag lebte ich im kommunistischen Ostdeutschland. Der Name unseres Dorfes ist Demitz-Thumitz nahe der sächsischen Hauptstadt Dresden – jenem Schauplatz von Kunst und Kultur sowie des letzten Kaisers Wohnstatt.

Während der letzten Kriegstage zündeten die Alliierten einen Feuersturm. Dresden wurde bombardiert, weil sich am Stadtrand eine Munitionsfabrik befand. Bis heute bleibt umstritten, wie diese Entscheidung getroffen wurde, weil auch das Schloss, die Kunstsammlungen, Kirchen, Bahnhöfe und unzählige Wohnhäuser den Bomben zum Opfer fielen. Dresden war so nahe an unserem Dorf, dass die Nachbarn von Lichtern, die wie Kronleuchter über Dresden hingen und stundenlangem Bombenhagel berichteten. Die Geschichten waren so lebendig und verängstigend, dass ich, wenn ich daran dachte, meinte, die Geräusche hören und die Lichter sehen zu können, obwohl ich damals erst sieben Monate alt war. Mein Patenonkel Paul sowie mein Onkel Paul wurden im Zuge dessen getötet, und mein Onkel Kurt verlor sein Bein. Sie waren seinerzeit am Dresdner Hauptbahnhof.

Meine Mutter lebte mit meinen Großeltern im Erdgeschoss eines dreistöckigen Hauses, das mein Opa gebaut hatte. Die anderen beiden Stockwerke wurden von den Familien zweier Schwestern meiner Mutter bewohnt. Sie hatten jeweils ihre eigenen Kinder: Inge, Konrad, Eckhart, Traudel, Rainer, Heinz und Manfred. So kam es, dass ich, obwohl ich ein Einzelkind war, mit vielen anderen Kindern aufwuchs, die allesamt älter waren als ich. Mein Großvater war oberster Steinmetzmeister in den Granitsteinbrüchen, für die das Dorf bekannt war. Jeden Tag heulte die Warnsirene los, ehe eine große Ladung Dynamit lautstark explodierte und den Granit zum Zerbersten brachte. Ich glaube an die Kraft der Steine, zumal ich jetzt in Rocklin lebe, wo sich die größten Granitsteinbrüche Kaliforniens befinden.

Um das Haus meiner Großeltern herum gab es einen prächtigen Garten, in dem Gemüse- und Blumenbeete, Obstbäume und Beeren gediehen. In einer Scheune lebten Kaninchen in Käfigen, die aber keine Haustiere waren, sondern bei Festlichkeiten als Braten dienten. Wir hatten auch Ziegen zum Milchgeben. Die kleinen Zicklein durften in einer Kiste unter dem Küchentisch neben dem Herd liegen, damit sie es schön warm hatten. Sie waren so niedlich! Ich war ganz verliebt in ihr zartes Gemecker. Bloß keinen Gedanken an Bindung verschwenden - natürlich würden auch sie gegessen werden.

Aufgrund des begrenzten Angebots waren Lebensmittel im Laden schwer zu kriegen. Wir stockten unsere Vorräte auf, indem wir nach der Ernte zu den Kartoffeläckern liefen und die im Boden verbliebenen Erdäpfel ausgruben oder auf Weizenfeldern die heruntergefallenen Ähren einsammelten, um sie uns vom Müller zu Mehl mahlen zu lassen. Am Straßenrand pflückten wir Löwenzahn und Sauerampfer für Salate. Im Herbst gingen mein Opa und ich im Wald Pilze suchen. Er wusste, welche von ihnen gut, welche giftig waren und brachte mir bei, die einen von den anderen zu unterscheiden. Wir erfreuten uns mannigfaltiger Sorten! Einige davon konnte ich sogar hier in Kalifornien wiederfinden. Die Wildpilze haben ein einzigartiges Aroma mit Suchtpotential, sobald du sie einmal probiert und gerochen hast. Modrig, erdig, berauschend - in Butter gebraten mit etwas Zwiebel und Kümmel daran zu genießen. Sie waren zu dieser Jahreszeit eine hervorragende Nahrungsquelle. Wenn wir zu viele hatten, putzten und trockneten wir sie. Ich darbe noch immer nach ihnen, aber mein Mann ist ängstlich und will nicht, dass ich die Wilden pflücke.

Der Dorfladen hatte in beschränktem Umfang Lebensmittel zum Verkauf. Butter und Zucker wurden ebenso rationiert wie Kaffee, Kakao, Öl und andere Grundnahrungsmittel. Erspähte man eine Schlange vor dem Geschäft, stellte man sich mit an, da dies der Hinweis darauf war, dass eine

Lieferung von Zwiebeln, Sauerkraut oder Hering eingegangen war. Fleisch war selten im Sortiment. Es gab einen Metzger, der Knochenbrühe verkaufte - die konnten wir einmal pro Woche in Milchkannen abholen. Heute wird Knochenbrühe in Kalifornien als nahrhaft angepriesen und deswegen teuer verkauft. Hin und wieder konnten wir Salami erhaschen. Es gibt den Begriff „Schiebewurst". Du nimmst eine Scheibe Brot und legst ein Wursträdchen darauf. Dieses schiebst du mit deiner Zunge nach hinten, während du das Brot isst, sodass du es riechen kannst – und erst mit dem allerletzten Brotbissen verzehrst du die Wurst.

Ich erinnere mich, dass meine Mutter stolz auf mich war, weil ich bei Familientreffen nicht, wie andere Kinder, gleich nach dem Essen griff, sondern höflich darauf wartete, bis ich an die Reihe kam. Jedermanns Gedanken kreisten fortwährend ums Essen. Bis zum heutigen Tag machen sich Leute lustig über den Inhalt meines Kühlschranks. Ich kaufe liebend gern Essen und habe immer genug da, falls jemand unerwartet zu Besuch kommt. Hier in Kalifornien haben wir das Glück, zu jeder Jahreszeit die exotischsten Lebensmittel aus der ganzen Welt genießen zu können. Das Zubereiten von Essen ist zweifellos eins meiner Steckenpferde.

Mit acht Jahren wurde ich in eine spezielle Einrichtung für unterernährte oder nicht wohl gedeihende Kinder geschickt. Diese befand sich in einem alten Schloss, welches in ein sozialistisches Kinderlager umgewandelt worden war. Meine Mutter fragte sich, warum ich nicht weinte, als der Kinderzug in den Bahnhof einfuhr. „Aber Mutti, du kannst froh sein, dass du mich zwei Wochen lang nicht durchfüttern musst." Es waren mindestens hundert Kinder zwischen acht und zwölf Jahren im Schlafsaal. Ich erinnere mich an tägliche Ausflüge in die Natur, Singen, gutes Essen und meinen ersten Freund. Ich denke, wir haben vielleicht Händchen gehalten und uns angelächelt.

Zurück daheim lernte ich Flöte spielen. Wir waren eine Bande aus einigen Kindern, hatten oft Auftritte in nahegelegenen Städten und spielten sogar bei

Wettbewerben. Musik war ein fester Bestandteil unserer Kultur. Ich erinnere mich noch heute, über 60 Jahre später, an zahlreiche Lieder meiner Kindheit. Wenn ich im Zuge von Heimatbesuchen mit meinen Verwandten beisammensitze (ich habe zweiundzwanzig Cousins und Cousinen), erfüllt uns das abendliche Singen mit einem Gefühl von Zusammengehörigkeit und Liebe zueinander.

Die Sommer bescherten uns manchmal schulfreie Tage, wenn es galt, für die Bauern auf Äckern Kartoffelkäfer abzulesen. Es war unsere staatsbürgerliche Pflicht, uns hierfür zur Verfügung zu stellen. Die Bauernhöfe gehörten im Kommunismus dem Volke, was hieß, dass jeder für alles verantwortlich war. Zum Mittag bekamen wir ein paar gute Brote mit Fleisch!

Von den Kindern wurde erwartet, dass sie den „Jungpionieren" beitraten, einer Gruppe, die sich gemeinsamer Ziele, wie dem Vollbringen guter Taten, rühmte. Blauer Rock, weiße Bluse und blaues Halstuch, gebunden wie die Russen ihre Roten. Ich war die Anführerin meiner Gruppe. Eine gute Tat konnte das Sammeln von Wertstoffen sein. Eisen, Glas und Papier wurden in Handwagen transportiert. In Gruppen von drei oder vier Kindern liefen wir von Haus zu Haus, sammelten die Altstoffe ein und brachten sie zum Schulhof, wo sie gewogen wurden. Das Ganze wurde als Wettbewerb ausgetragen.

Der Berg, der sich über unserem Dorf erhob, hieß Klosterberg. Es dauerte ungefähr eine Stunde, um ihn zu erklimmen. In der Gaststätte auf dem Berggipfel fanden allerlei Festlichkeiten statt. Ganz besonders sind mir die Maibaumtänze in Erinnerung geblieben. Das gesamte Dorf schien auf der Lichtung hoch oben beisammen zu sein - ebenso zu den Hexenfeuern an Walpurgisnacht. Auf jenem Berg war es, wo wir zur Herbstzeit Pilze sammelten. Hier war es auch, wo wir zwischen den Wurzeln der Bäume Häuser für unsere kleinen Figuren aus Eicheln und

Streichhölzern bauten. Die Natur hielt alles für uns bereit, wenn wir nur unsere Vorstellungskraft gebrauchten!

Die wirkliche Welt

von Elke

Wenn ich heute zurückblicke, bin ich gern Einzelkind gewesen. Dank der Abwesenheit meines Vaters genoss ich die ungeteilte Aufmerksamkeit und Zuneigung meiner Mutter. Ich schlief im selben Bett wie sie. Zur Schlafenszeit blickte sie mir in die Augen, während sie sanft die Züge meines Gesichts, meiner Augen und Augenbrauen, meiner Nase und meines Mundes nachzeichnete, bis sie schließlich vorgab, mir einen Bart und Hörner dran zu malen. Dann lachten wir zusammen. Die Berührung ist mir immer noch ein Lebenselixier. Sie vermag es, dass ich mich geliebt fühle.

Alle in der Familie, sämtliche Tanten, Onkels und Cousins waren sehr gut zu mir. Wahrscheinlich hatten sie Mitleid, weil ich meinen Vater entbehrte. Außerdem war da meine Behinderung, die das Tragen einer Beinschiene notwendig machte. Meine Mutter musste jeden Tag in einer nahegelegenen Stadt zur Arbeit, also kümmerten sich ihre Eltern um mich. Großmutter war ernst und streng. Da sie acht Kinder großgezogen hatte, deren jüngstes meine Mutter war, konnte man ihr nichts vormachen.

Eines Tages brachte ich nach der Schule meine beste Freundin Christine mit nach Hause und ging mit ihr in den Garten. Darin stand ein prächtig behangener Pflaumenbaum. Wir schmiedeten den Plan, über ein Schuppendach auf den Baum zu klettern, um an die Früchte zu gelangen. Gesagt, getan - wir pflückten sie alle.

Danach schichteten wir sie zu einer perfekten Pyramide auf. Voller Stolz berichteten wir Oma von unsrer Errungenschaft, mit der Konsequenz, dass sie beinahe platzte vor Wut. Die Pflaumen waren weder lila noch reif, sondern grün. „Warte nur ab," sagte sie, „bis deine Mutter nach Hause kommt. Dann kannst du was erleben!" Das meinte sie durchaus ernst, denn Pflaumen waren Nahrung und durften nicht verschwendet werden. Am frühen Abend rannte ich, den ganzen Weg über weinend, zum Bahnhof, um meiner Mutter zu erzählen, was wir getan hatten. Sie hatte mir einmal gesagt, dass, wenn ich etwas Schlimmes getan hätte und es sofort beichten würde, ohne zu lügen, mir dann vergeben würde. Sie hielt ihr Wort. Meine Mutter sagte: „Mach dir keine Sorgen. Du hast nur zu helfen versucht und wusstest nicht, dass die Pflaumen noch unreif sind. Ist schon gut. Vielleicht reifen sie nach!"

Ein einziges Mal wurde ich geschlagen, und das aus gutem Grunde. Ich spielte mit einer Mandoline, als ich plötzlich verschreckt zu meiner Mutter aufsah und ihr verkündete: „Ich hab gerade das Blättchen verschluckt!" Als ich die Angst in ihren Augen sah, tat es mir sofort leid. „Stimmt gar nicht. War nur ein Witz." Daraufhin gab sie mir eine Ohrfeige und ich wusste: Ich hatte sie verdient.

Im Laufe der Jahre empfingen wir einige Gäste, die aus der russischen Gefangenschaft entlassen worden waren. Sie brachten uns Nachricht von meinem Vater, der ihnen unsere Adresse vor ihrer Abreise aus dem Lager zugesteckt hatte. Auf diese Weise erfuhren wir, unter welchen Bedingungen die Männer dort zu leiden hatten. Zumindest aber hatten wir Gewissheit, dass er noch lebte. Es waren ausgezehrte Gestalten, die wir gerne verköstigten, während wir ihren Geschichten über die Streiche der Gefangenen lauschten. Ich hatte das Gefühl, dass sie meinen Vater für seine Hilfsbereitschaft und seine Überlebensfähigkeiten bewunderten. Sie erzählten davon, dass er gut genug Russisch sprach, um als Übersetzer zu wirken, und von seinen musikalischen Fähigkeiten, mit denen er sie unterhalten hatte.

Ich war etwa zehn Jahre alt, als mein vierzehnjähriger Cousin Eckhart mich zum Rummel einlud. Wir stiegen in eine jener Gondeln, die zwei gegenüberliegende Sitze haben. Sie werden aus eigener Kraft aufwärts getrieben. Wir stiegen höher und höher. Als ich aufhörte, zu pumpen, weil ich das Gefühl hatte, es sei hoch genug - ich hob bereits von meinem Sitz ab – bat ich ihn, anzuhalten, doch mein Cousin ließ uns immer weiter aufsteigen. Er lachte hämisch und sagte, er wolle, dass ich herausfalle. Was für ein Schock, zu erkennen, dass mich jemand nicht mochte! War er eifersüchtig auf mich? Ich weinte noch lange vor Angst und Enttäuschung, nachdem die Fahrt endlich vorbei war.

Unser täglich Brot

von Hans

Brot war damals, und ist es wahrscheinlich auch heute noch, nicht nur Grundnahrungsmittel, sondern auch Hauptnahrungsmittel. Das war bei den Zivilisten nicht anders, als bei uns Kriegsgefangenen. Unsere Verpflegung sah, wenigstens auf dem Papier, so aus:

Brot für Normalarbeiter - täglich 600 Gramm.
Brot für Schwerarbeiter im Schacht - täglich 1000 Gramm.

Das scheint auf den ersten Blick viel, aber wenn auf dem Brot nichts drauf liegt, so ist es schon beträchtlich weniger. Und wenn man das Brot mal genau untersucht (darauf komme ich später noch), dann wird es noch weniger. Dazu kam jeden Tag noch eine Tasse Kascha. Das ist eine Art Gerstenbrei. Für Schwerkranke gab es als Delikatesse Reis, Hirse oder Grieß. Als drittes Grundnahrungsmittel gab es eine Suppe, die fast nur aus Wasser bestand. Manchmal schwamm da oben drauf ein Fischauge, und unten drin lagen Gräten oder ein paar Kohlblätter. Kartoffeln waren damals noch eine Seltenheit. Dazu kamen noch einige Gramm Fett, Fleisch, Fisch oder Zucker, aber diese verschwanden meist in der Suppe oder im Brei. Wer seine Arbeitsnorm übererfüllte, konnte damit rechnen, eine Scheibe Brot mehr zu bekommen.

Eines Tages, es war im Jahre 1948, wurde ich zum Brotschneider des Lagers bestimmt. Wie das kam, werde ich gleich noch erzählen. Brotschneider ist eine volle Tagesbeschäftigung, nicht nur für eine Person, sondern ich hatte dazu noch einen Gehilfen. Man kann ja nachrechnen, bei einer Lagerbelegschaft von etwa 800 Menschen, die morgens, mittags und abends Brot bekommen, sind das immerhin 2400 Portionen. Jede muss einzeln geschnitten und gewogen werden.

Der Grund für meine Berufung auf diesen Posten war folgender: Es hatte sich herausgestellt, dass von der Brotmenge, die in der Brotfabrik abgewogen und abgeholt wurde, jedes Mal bereits, wenn diese Menge im Lager nachgewogen wurde, etwa 20 bis 30 Kilo fehlten. Ich sollte nun herausfinden, wie der Betrug möglich war.

Ich fuhr also morgens schon vor Tagesanbruch mit zur Brotfabrik und beobachtete alles. Um es gleich zu sagen: gefunden habe ich nichts. Aber es war klar, dass es an der Waage in der Brotfabrik liegen musste. Sie war irgendwie manipuliert. Es stellte sich nun die grundsätzliche Frage: Wie kann man mit Brot betrügen?

Man kann! Sogar auf mancherlei Art und Weise. Wie ich schon an anderer Stelle erzählte, wurde in der Brotfabrik schon viel Brot gestohlen, mit Wissen der Direktion. Aber um das Gewicht nun wieder auszugleichen, wurde einfach mehr Wasser in den Teig gegeben.

Aus deutschen Bäckereien weiß ich, dass auf 100 Kilo Mehl etwa 20 Liter Wasser gegeben werden. Das gibt so schöne, runde Brote. Wenn man aber statt 20% Wasser 50% dazu gibt, so ergibt das einen sehr dünnflüssigen Teig. Deshalb brauchte man ja auch die Blechformen dazu, sonst wäre der Teig auseinandergelaufen, und es hätte nur Fladenbrot ergeben.

Brot heißt auf Russisch „Chleb". Man könnte auch übersetzen: „Kleber", denn so nass, wie das Brot war, ließ es sich auch in gebackenem Zustand noch drücken und kneten. Ich erinnere mich, dass wir später einmal auf einem Eisenbahntransport von einem Lager zum anderen aus diesem Brot Schachfiguren geknetet haben. Die weißen Figuren blieben eben grau, und die schwarzen tauchten wir in Tinte, so wurden sie wenigstens blau.

Das nasse Brot war auch der Grund, warum wir alle dauernd starke Blähungen hatten. Ich konnte also der Brotfabrik nicht nachweisen, dass sie uns betrügt. Wie aber sollten wir den Verlust an Brot ausgleichen? Ein Kamerad fand die Lösung: Auf der Hinfahrt zur Brotfabrik wurden unterwegs auf Baustellen Ziegelsteine aufgeladen, etwa so viel wie 20 bis 30 Kilo ausmachten. Bei der Einfahrt zur Brotfabrik wurde der Lastwagen mit den Ziegeln gewogen, dann wurden die Steine (es war ja noch finster) irgendwo im Hof abgeladen. Bei der Ausfahrt wurde dann das Brot mit dem Wagen wieder gewogen. Und so konnten wir den Verlust an Brot wieder ausgleichen.

So ist das nun mal im Kommunismus! Ein Betrug muss den anderen wieder wettmachen. Wer am meisten betrügt und stiehlt, kommt am besten durch. Allerdings geht er ein großes Risiko ein, denn, weil es in der Sowjetunion kein Privateigentum gibt und alles Staatseigentum ist, so ist jeder Diebstahl auch gleich ein Verbrechen gegen den Staat und wird mit hohen Strafen bestraft. Für ein paar Kilo Kartoffeln kann man schon mehrere Jahre in ein Zwangslager gesteckt werden.

Wir tanzten nur einen Sommer

von Hans

Die aus Russland zurückkehrenden Kriegsgefangenen wurden Ende der 1960er Jahre gebeten, eine Geschichte zu erzählen, die positive Erfahrungen aus der Zeit des Arbeitslagers beinhaltete. Es war genug Zeit vergangen, um die schlimmsten Gefühle von Hilflosigkeit und Hass zu vergessen. Etwas, das ihre Stimmung hob. Etwas, das sie überleben ließ. Etwas, das ihre Herzen berührte. Dies war ein Versuch, das kulturelle Verständnis zu fördern und Geschichten des Mitgefühls zutage zu bringen, wie sie allen Menschen gemein sind. Die Geschichte meines Vaters war eine von vielen veröffentlichten, aber er verwendete einen anderen Namen (Hans Jothel), weil er nicht wollte, dass meine Mutter diese Geschichte erfährt.

Auszug aus dem 1971 in Deutschland erschienenen Buch „Blumen im Schnee" (Verlag "Der Heimkehrer", Bonn - Bad Godesberg):

Aljoscha nannten wir ihn, den sowjetischen Kommandanten unseres Kriegsgefangenenlagers in jener Gegend, wo sich die Ausläufer des Urals nach Osten hin in den weiten Ebenen Sibiriens verlieren. Sein voller Name ist mir in den seither verflossenen 20 Jahren entfallen. Und es mag auch gut sein, dass ich den Namen nicht mehr nennen kann. Man weiß nicht, ob ihm aus dem, was ich erzählen möchte, nicht heute noch Nachteile entstehen können. Der Kosename Aljoscha deutet schon darauf hin, dass wir ihn gern mochten. Natürlich war er eine große Ausnahme unter den sowjetischen Lagerkommandanten, aber gerade deshalb ist es erzählenswert, was er für uns getan hat. Aljoscha formulierte seine Einstellung uns gegenüber einmal so:

„Ihr Deutsche habt zwar meine Eltern in Weißrussland umgebracht, aber ich will euch so behandeln, wie ich behandelt werden möchte, falls ich einmal bei euch in Gefangenschaft geraten sollte." Also eine Art kategorischer Imperativ, auf die moderne Welt kriegerischer Auseinandersetzungen übertragen.

Ich will nicht behaupten, dass er nur aus reiner Menschlichkeit so handelte. Der schlaue Aljoscha hatte auch seine Hintergedanken dabei. Er sagte sich: Wenn ich den Kriegsgefangenen ein bisschen Lebensfreude gönne, dann wird auch die Arbeitsleistung besser. Und er hatte recht damit. So mag es auch gekommen sein, dass Aljoscha, obwohl nur Leutnant, schon Kommandant eines Lagers geworden war, während die ihm untergebenen Offiziere höhere Dienstgrade hatten.

Sein Ansehen bei höheren Stellen war so gefestigt, dass er sich sogar erlauben konnte - was sonst undenkbar war - seinen Willen gegen den NKWD-Offizier durchzusetzen. Aber nun lasst mich erzählen.

Frühling 1948. Die Frühlinge sind kurz in Sibirien, aber umso kraftvoller. Wenn im April oder Anfang Mai Schnee und Eis im Boden verrinnen, schenkt sich die Natur fast über Nacht in vollster Blüte, gleichsam, als wollte sie in wenigen Tagen nachholen, was sie in Monaten versäumt hat. In dieser Zeit geschah es, dass ein Außenkommando von uns auf eine Gruppe arbeitende Mädchen stieß, deutsche Mädchen, bei Gleisarbeiten in Sibirien.

Bald hatten wir herausgefunden, dass in unserer Stadt außer einigen Kriegsgefangenenlagern auch drei Frauenlager waren, in denen sich Verschleppte aus Westpreußen und Danzig befanden, die ebenso wie wir zum größten Teil in den primitiven Kohlengruben arbeiteten.

Die zunächst heimlich aufgenommenen Verbindungen blieben den Russen nicht lange verborgen. Aber, o Wunder, es geschah durchaus nichts Böses. Hier war die Stunde für Aljoscha gekommen. Nicht nur, dass er die Verbindungen nicht untersagte, er förderte sie sogar und ließ sie zu recht engen Beziehungen werden, wenigstens zu einem der Frauenlager.

Für das, was sich nun anbahnte, fand man auch sehr bald den richtigen Namen: Kulturaustausch. Damit vertrat er es seinen vorgesetzten Stellen gegenüber. In beiden Lagern gab es nämlich Kulturgruppen, bestehend aus einer Theatergruppe und einem beachtlich guten Orchester. In der Folgezeit fand nun regelmäßig alle zwei Wochen sonntags der Kulturaustausch statt, einmal im Frauenlager, einmal bei uns. Aljoscha sorgte sogar dafür, dass die Kulturgruppen, und dazu eine ganze Anzahl Kameraden bzw. Frauen, mit Lastkraftwagen ins andere Lager transportiert wurden. Nach Abwicklung des kulturellen Programms begann dann der Tanz, und es wurde jedes Mal eine rauschende Ballnacht...

Im Frauenlager war das zunächst leichter möglich als bei uns. Dort gab es ein Klubgebäude mit Bühne und großem Saal. Wir hatten keinen solchen Klub. Kurz entschlossen wurde auf dem Lager Hof eine große Tanzfläche betoniert, rundum mit Bänken, Geländer, Blumenkästen und Kandelabern versehen, und eine Bühne errichtet. Woher das Material dazu kam, mag der Herrgott wissen. Und das alles entstand in freiwilliger Arbeit. Man versuche einmal, eine in Jahren der Trostlosigkeit in Lethargie erstarrte Masse von Kriegsgefangenen zu freiwilliger Arbeit anzuregen! Hier war es plötzlich möglich. So fanden die Feste bei uns unter freiem Himmel statt. Dass es dabei nicht allein beim Kulturaustausch blieb, wird jeder verstehen.

Freundschaften bahnten sich an, und wohl auch einige zarte Liebesbande. Wenn anderntags die Offiziere sich beim Kommandanten voller Entsetzen beklagten, da und dort in dunklen Ecken des Lagers habe man sogar Liebespaare beobachten können, sagte Aljoscha nur: „Na und?" So mussten sie sich - zwar zögernd - doch allmählich damit abfinden, nahmen auch an den Festen teil, und wir konnten es wagen, auch ihre Frauen zum Tanz zu führen, was den Damen sichtlich Freude bereitete. Wenn das Fest auf dem

Höhepunkt war, konnte es zuweilen vorkommen, dass Aljoscha auf die Tanzfläche sprang und einen zackigen Kosakentanz aufführte. Einmal, als die Frauen bei uns zu Gast waren, war der „Studebaker" defekt, der sie abholen sollte. So blieb ihnen nichts Anderes übrig, als den Rest der Nacht zwischen uns auf den Pritschen zu verbringen. Aber wahrhaftig, es blieb alles in sittsamen Grenzen.

Deutlich erinnere ich mich an den Tag, als ich zum ersten Mal mit ins Frauenlager fahren durfte. Im großen Saal waren an die 600 deutsche Frauen und Mädchen versammelt, sauber gepflegt und gekleidet, eine schöner als die andere. Heute mag das übertrieben erscheinen, aber damals empfanden wir das wirklich so. Man muss bedenken, dass wir bis dahin länger als drei Jahre kein gepflegtes weibliches Wesen aus der Nähe betrachten, geschweige denn beim Tanzen in den Armen halten konnten.

An diesem Tag leisteten wir Schwerarbeit, und der Schweiß floss in Strömen: wir etwa 100 Männer, die ein Vielfaches an Frauen im Tanze bewegten. Sie dankten es uns, indem sie uns mit selbstgebackenen Süßigkeiten bewirteten. Aber auch wir boten bei ihrem nächsten Besuch alles auf, um ihnen nicht nachzustehen. Für unsere im Schacht sauer verdienten Rubel kauften wir in unserer bescheidenen Kantine Mehl, Margarine und andere Zutaten, und der Küchenchef bereitete daraus eine große Zahl prächtiger Cremetorten. Man muss es wohl selbst erlebt haben, um gänzlich zu verstehen, welche Wandlungen sich mit uns vollzogen.

Die Frauen und Mädchen waren uns in der persönlichen Haltung und Pflege weit überlegen. Wir waren doch nach diesen Jahren der Trostlosigkeit ein recht verlotterter Haufen, der sich in jeder Hinsicht gehen ließ. Nun aber achteten wir wieder auf Sauberkeit. Man wusch sich gründlicher, reinigte die Fingernägel, kämmte das Haar. Mit allerlei Tricks beschafften wir uns von der Bekleidungskammer, statt der zerschlissenen, neuen Hosen. Die Lagerschneider nähten an unsere primitiven

Leinenhemden eine Art Schillerkragen. Die Mädchen besorgten bunte Börtchen und nähten sie drauf. Das sah dann zwar so aus, als trügen wir beim Tanzen Nachthemden, aber immerhin, es war doch ein Anfang von schmückendem Beiwerk an unserer Kleidung. Als Aljoscha dann erlaubte, dass einzelne Mädchen ihre Freunde auch im Laufe der Woche - wenn wir im Schacht unseren arbeitsfreien Tag hatten - im Lager besuchten, konnte es auch keiner mehr wagen, in Unterhosen über den Lagerplatz zur Latrine zu gehen.

Wenn ich beschreiben sollte, wie unser Verhältnis zum anderen Geschlecht war, so müsste ich wohl sagen: Nach dieser langen Entwöhnung waren wir wie Jünglinge, die zum ersten Mal, recht unsicher noch, auf Liebespfaden wandeln. Man war schon glücklich, mit einem deutschen Mädchen sprechen und tanzen zu können. Man verfasste Gedichte und fertigte kleine Bilder, und allmählich wanderten ganze Taschen voll kleiner Geschenke und Liebesbriefchen durch Boten ins andere Lager. Aber Briefe sind auch schon nicht der richtige Ausdruck dafür. Wo sollten wir denn Briefpapier und Umschläge herbekommen? Es waren nur Zettelchen, mehrfach zusammengefaltet und mit Zwirn zugenäht, um die Grüße geheim zu halten. Das hinderte freilich den NKWD-Offizier nicht daran, gelegentlich ganze solche Sendungen zu beschlagnahmen und seine Schlüsse über das Lagerleben daraus zu ziehen.

Auch Aljoscha hatte seine eigentlichen Absichten erreicht: Unsere Arbeitsleistung im Schacht wurde besser. Als Ansporn dazu erlaubte er manchmal auch, dass einzelne von uns sich mit ihren Mädchen außerhalb des Lagers treffen konnten. Ich werde den Tag nie vergessen, als er mir zurief: „Heute kannst Du mit deinem Mädchen spazieren gehen, aber pünktlich morgen früh um sechs Uhr bist du wieder da!" Er sorgte sogar dafür, dass ein Lieferwagen mich ein Stück des weiten Weges mitnahm. Es war schon Abend, als ich mich an das Frauenlager heranschlich. Durch den Bretterzaun konnte ich beobachten, wie sich eine Gruppe Mädchen, halb entkleidet, im Freien zur Nachtruhe niederlegten, weil sie es in ihren Baracken wegen der Wanzen nicht aushalten konnten. Eine von ihnen verständigte mein Mädchen. Bald war sie durch eine geheime Lücke im Zaun geschlüpft, und wir hatten eine Nacht in Freiheit vor uns, die erste freie Nacht seit Jahren, aber auch die letzte auf viele Jahre hinaus.

Es war eine jener lauen sibirischen Sommernächte, in denen es kaum dunkel wird, so wie wir es von den nordischen Ländern her kennen. Und der Vollmond tauchte alles in ein romantisches Licht. Wir wanderten durch die endlosen Wiesen und Felder und lagerten an einem der Birkenwäldchen, die für diese Landschaft typisch sind. In der Ferne hörten wir die Züge der transsibirischen Eisenbahn rollen. Gewiss waren dabei auch solche, die nach Westen fuhren, nach Europa, wohin unsere Sehnsucht uns führte. Auf den Gedanken, auf einem solchen Zug zu flüchten, kamen wir in dieser Nacht nicht. Es wäre auch glatter Selbstmord gewesen.

Es war schon heller Tag, als mein Mädel wieder hinter dem Bretterzaun verschwand. Auf dem Weg zurück in mein Lager nahmen mich hilfreiche Russen in ihrem Lastauto mit. So kam ich sogar noch vorzeitig zurück. Jedoch, das Glück dauert nirgends ewig, erst recht nicht in der Sowjetunion. Als es auf den Herbst zuging, war es vorbei mit unserem Glück, mit dem Kulturaustausch und den rauschenden Ballnächten.

Niemand konnte genau sagen, wie es gekommen war, dass plötzlich alle Verbindungen verboten wurden. Es mag sein, dass den Russen die Beziehungen zu eng geworden waren, oder dass ihnen die Völkerverbrüderung zu weit ging. Eher möchte ich glauben, dass die Intrigen der Sowjetoffiziere soweit gesponnen waren, dass von oben alles untersagt wurde. So tanzten wir nur einen Sommer. Für mich war dieser Sommer 1948 der einzige Lichtblick in mehr als zehn Jahren Gefangenschaft. Aljoscha, der dies alles ermöglichte, ihn werde ich bis ans Ende meiner Tage nicht vergessen. Er hat gezeigt, dass auch zwischen erbitterten Gegnern

Menschlichkeit sein kann. Und was mag aus meinem Mädel aus einer lauen sibirischen Sommernacht geworden sein?

Sowjetische Geheimhaltung

von Hans

Im Herbst desselben Jahres ereignete sich dann folgendes: Es hieß: Am Bahnhof ist ein Transport Kriegsgefangener angekommen, das sollen aber alles Schwerverbrecher sein! Es sollte vermieden werden, mit ihnen irgendeine Verbindung aufzunehmen. Die Leute wurden von uns mit verpflegt. Nur russisches Personal brachte die Verpflegung zunächst zum Bahnhof und später auch zum neuen Lager, in das sie kamen. Es war das Lager 9A und lag nur einen Kilometer von uns entfernt. Es befand sich noch im Bau.

Die neuen Leute waren ungefähr 140 Mann. Die Hälfte davon baute dieses Lager noch zu Ende, die andere Hälfte wurde sofort eingesetzt zur Kartoffelernte. Und nun hatte ich das Unglück, dass ich als Kommandoführer in dieser Gruppe eingeteilt wurde, weil ich mich schon auf dieser Lagerkolchose auskannte. Ich hatte im Frühjahr die Kartoffeln mit gepflanzt.

Ich wurde also mit dieser Gruppe hinausgeschickt. Da ereignete sich nun, dass ich bereits am selben Tage nicht mehr mit meinen Kameraden, die die Lastautos fuhren und die Kartoffeln abtransportierten, sprechen durfte. Ich war sozusagen „angesteckt" von dieser Gruppe und plötzlich isoliert von meinen alten Kameraden. Mir war lange Zeit unklar, was damit zusammenhing. Auf dieser Lagerkolchose wurde auch dafür gesorgt, dass keine Verbindung zu anderen Kriegsgefangenen hergestellt werden konnte. Trotzdem habe ich aber folgendes gemacht: Wir hatten gehört, dass in der Nähe, etwa 6 km entfernt, ein Kommando aus meinem bisherigen Lager auf einer Kolchose als Reparaturbrigade an Landmaschinen arbeitete und dort sei, um Brot und Quark zu kaufen. Wir wollten unsere langweilige Kost, die nur aus Kartoffeln bestand, etwas aufbessern. Ich bat den sowjetischen Offizier, der uns beaufsichtigte: „Lass uns doch mal gehen und dort was abholen". Das wurde streng abgelehnt. Trotzdem habe ich das Unternehmen dann nachts gemacht, mit etwa sechs Leuten, ohne, dass der Offizier unseren Abmarsch merkte. Leider hat er es aber später doch bemerkt, und als wir zurückkamen, da wartete er schon auf uns. Er nahm mich schwer ins Gebet und sagte: „Mein Lieber! Sage niemals jemandem etwas davon, dass Du bei diesen Leuten dort warst. Das kostet deinen Kopf und auch meinen!"

Nun wusste ich ja immer noch nicht die Zusammenhänge. Die habe ich erst im Laufe der nächsten Wochen und Monate erkannt. Es handelte sich um folgendes: Dieses Kommando hatte bisher in Ufaley gelegen, an der Bahnstrecke, die von Tscheljabinsk nach Swerdlowsk führt. Von Tscheljabinsk führt die Strecke zunächst durch die Stadt Kyschtym und dann weiter nach Ufaley, und schließlich nach Swerdlowsk. Nun hatten die Sowjets östlich von Kyschtym eine große, verbotene Zone eingerichtet, man sagt, im Umkreise von etwa 30 km Durchmesser. In diesem Gebiet liegt auch ein See, und es war klar, dass dort irgendein Atomwerk im Bau war.

Starke Bewachungsmannschaften waren dort eingesetzt, sodass keiner hinein- oder herauskam. Die sowjetischen Arbeitskräfte, die dort eingesetzt waren, waren praktisch Verbannte für alle Zeiten. Als Trost für dieses Eingesperrt sein innerhalb dieses Gebietes hatten sie besonders günstige Lebensbedingungen. Sie konnten ihre Lebensmittel und sonstigen Verbrauchsgüter sehr billig kaufen. Was da im Einzelnen gebaut worden war, darüber gab es nur Geflüster. Man sagte, das Werk sei sogar zum Teil unter diesem See angelegt worden. Uran selbst soll dort nicht gegraben worden sein, sondern das sei in Transporten hingekommen.

Nun hatten sich von diesem Kommando in Ufaley einmal zwei Kriegsgefangene in dieses Gebiet hineingewagt, weil es hieß, dort könne man sehr billig Brot kaufen. Das war ihnen auch gelungen. Aber beim Herausgehen waren sie festgenommen, durch den Sicherheitsoffizier vernommen und wieder ins Lager zurückgeschickt worden. Zunächst war ihnen nichts geschehen. Aber die beiden haben die Dummheit nochmal begangen. Nun wurden sie wieder festgenommen und gleich abtransportiert. Man glaubte, dieses Kommando wisse Näheres über dieses Atomwerk, und es wurde nun von allen anderen Kriegsgefangenen isoliert.

Hier muss ich noch erwähnen, dass in dieser Zeit, im Herbst 1948, im Westen noch niemand wusste, dass die Sowjets auch die Atombombe konstruieren konnten. Das war ihnen von irgendwelchen Amerikanern verraten worden. Dieses Kommando wurde aus eben dem Grunde aus Ufaley abtransportiert und kam nun in dieses Lager 9A, wie ich schon beschrieben habe. Die Folge davon war, dass ich von diesem Geheimnis als vermutlicher Geheimnisträger angesteckt und von allen bisherigen Kameraden getrennt war. Ich durfte keinerlei Verbindung haben, obwohl es nur 1 km weit weg war. Ich habe versucht, nochmal Verbindung aufzunehmen durch einen Zettel, den ich in die Brotkiste steckte, die täglich hin und her ging, da wir weiterhin von diesem Lager mit Lebensmitteln und Bekleidung versorgt wurden. Aber es ist mir nicht gelungen. Die Überwachung war wirklich so scharf, dass keine Verbindung möglich war. Und nun habe ich folgende Dummheit begangen: (jetzt kommt das böse Nachspiel zur ersten Geschichte). Die Verbindung zu dem Mädchenlager war ja schon einige Zeit ganz abgerissen, und das gefiel mir ganz und gar nicht. Ich hatte den Wunsch, doch nochmal dahin zu gelangen, und habe das nun folgendermaßen durchgeführt:

Innerhalb dieses Lagers wurde ein Graben für eine Wasserleitung gezogen. An dem Tage, als der Graben genau bis zum Lagerzaun fertig war, habe ich abends noch ein Stück weitergegraben, sodass ich unter dem Zaun raus kriechen konnte. Nun bin ich losmarschiert, in Richtung dieses Interniertenlagers, das 12 km entfernt war. Ich kam dort an, aber leider musste meine Bekannte gerade zu dieser Zeit in den Schacht ausrücken. Mir blieb also weiter nichts übrig, als nun mit der Bahn wieder in mein Lager zurückzufahren. Hier muss ich noch dazwischen fügen, dass wohl der Lagerzaun fertig war, aber die Bewachungssoldaten noch nicht die Wachtürme besetzt hatten, sodass die Wächter nur um die Baracke herum marschierten.

Ich war um ein Uhr nachts wieder zurück und wollte gerade in den Graben einsteigen, da merkte ich, wie immer einer auf dem aufgehobenen Erdwall entlang marschierte und wahrscheinlich nach mir suchte. Diese kurze Strecke zur Baracke habe ich dann auf militärische Art, in Deckung, allmählich hinter mich gebracht. Als an der Wache gerade ein Lärm entstand, weil die zweite Schicht aus dem Schacht kam, habe ich diese Gelegenheit genutzt, bin herausgesprungen und in die Baracke gegangen. Unser deutscher Lagerführer erklärte mir gleich: „Oh, mein Lieber, alles ist verloren! Man hat dich gesucht. Man hat das ganze Lager mobilgemacht, eine Zählung durchgeführt, und du warst nicht zu finden!" An diesem Tag hat man mich zunächst in Ruhe gelassen. Plötzlich abends erschienen der Lagerkommandant und der Sicherheitsoffizier mit Dolmetscher und ich wurde vernommen. Da stellte sich heraus, dass in dieser Nacht die ganze sowjetische Garnison eingesetzt war, um die drei in der Nähe gelegenen Bahnhöfe zu besetzen und zu verhindern, dass ich etwa nach der Heimat abrückte. Der Kommissar selbst war sogar bis nach Tscheljabinsk gefahren und überwachte dort den Bahnhof mit einem ganzen Bataillon Soldaten. Dabei war mein Unternehmen eigentlich ganz harmlos. Als man mich nun nicht gefunden hatte, war ein Offizier in dieses Internierten Lager geschickt worden, um dort nach mir zu suchen. Die wussten ja, dass ich da eine Bekannte hatte. Dort war ich nicht. Aber das Mädchen war, nachdem es aus dem Schacht zurückgekommen war, in die Wache unseres Lagers gleich abgeführt worden. Hinterher hat mir ein Kamerad erzählt, er habe da eine deutsche Mädchenstimme gehört in der Wache. Jedenfalls hat man das Mädchen ausgefragt, und sie hat auch treu und brav alles erzählt, dass ich dort war.

Am Abend bei der Verhörung versuchte ich zuerst, etwas zu leugnen. Konnte Zeugen bringen, dass ich ja bereits halb zwei Uhr wieder in der Baracke war. Ich hätte woanders geschlafen, aber das nahm man mir nicht ab. Dann hörte ich, wie der Lagerkommandant sagte: „Ja, wie er das berichtet, dass er um halb zwei wieder hier war, das stimmt, denn das hat das Mädchen ja auch gesagt. Dadurch wusste ich, dass sie auch vernommen worden war. Nun nutzte gar kein Leugnen mehr. Da habe ich das ganze Unternehmen erzählt. Der Lagerchef, der mich gut kannte, und von dessen Verhältnis mit einer Zahnärztin ich auch wusste, hatte eigentlich Verständnis für die ganze Geschichte. Ich sage noch: „Jetzt können wir mal unter Männern darüber reden, da werden sie zugeben, dass das ein ganz nettes Stück war, was ich mir da geleistet habe. Bei uns nennt man das ein ‚Husarenstück'!" „Ja, ja", meinte er, „aber wir haben Schereien deinetwegen gehabt. Zur Strafe gehst du jetzt wieder in den Schacht!" Eigentlich sollte ich ja auch Karzer bekommen, aber der Karzer im Lager war noch nicht gebaut. So bin ich davon verschont geblieben.

Nun hatte ich dem Mädchen noch drei kleine Briefchen gegeben, die sie an Kameraden in meinem bisherigen Lager übermitteln sollte. Es bestand nämlich ein reger Briefverkehr zwischen den Mädchen und den Kriegsgefangenen dort. Jedenfalls sind meine drei Nachrichten prompt von dem Sicherheitsoffizier kassiert worden, und man wollte mir damals schon „Geheimnisverrat" vorwerfen und 25 Jahre Straflager in Aussicht stellen. Wir sind also in dieser Zeit ganz streng isoliert worden. Die Westmächte sollten nicht erfahren, dass die Sowjetunion auch das Atomgeheimnis besaß. Der Postverkehr mit der Heimat lief zwar weiter, aber er wurde streng überwacht, dass ja nichts Verdächtiges drinstand. Wir kamen dann später in einem Transport nach Usswa im Gebiet Molotov. Am selben Tage noch ging von Usswa ein Heimattransport ab. Nun habe ich mir überlegt – sagst du diesen Leuten von dem Geheimnis? - (es waren etwa 17 Mann), aber man war ja misstrauisch, an wen man kommt.

Und das war gefährlich! Deshalb habe ich also niemandem etwas erzählt. Aber von nun an kam aus diesem Lager Usswa auch kein Mensch mehr nach Hause, obwohl gerade in dieser Zeit (letzte Hälfte 1949) eine Menge Transporte in die Heimat gingen. Wir sind im Dezember dann zu 100 Mann nach Kisel verlegt worden, alle zur Verurteilung. Etwa 400 blieben in Usswa zurück, und von diesen habe ich auch später gehört, dass sie, obwohl sie nicht verurteilt wurden, trotzdem noch bis 1953 in Gefangenschaft gewesen sind, und zwar in einem Lager bei Rostock am Don.

Im Dezember 1949 hörte ich zufällig in den sowjetischen Nachrichten eine Erklärung von der TASS Argentur, dass die Sowjetunion nun auch im Besitz des Atomgeheimnisses sei. Das war wohl notwendig geworden, da die Amerikaner festgestellt hatten, dass solche Explosionen in der Sowjetunion stattgefunden hatten. Ich hatte schon gehofft, dass durch diese Veröffentlichung nun die ganze Geheimniskrämerei erledigt sei, aber die hat sich in der Tat noch bis 1953 hingezogen.

Der Kommodenheini

von Hans

Kommodenheini, so nannten wir unseren sowjetischen Arbeitsoffizier, der an allen Baustellen die Arbeit überwachen musste.

Bekanntlich bekamen damals, vielleicht auch heute noch, die sowjetischen Offiziere wenig Gehalt. Der Kommodenheini machte nun in seiner Freizeit Tischlerarbeiten, um sich noch etwas Geld dazu zu verdienen. Wir beide kannten uns gut, und er hatte schon oft von mir von der Baustelle verschiedenerlei Leisten und Zierleisten und ähnliches bekommen. Es gab ja keinen Laden wo man so etwas hätte kaufen können.

Es war etwa 1954. Ich war damals schon ein Hobbygärtner und hatte mir im Lagerhof in einer Ecke des Lagers einen kleinen Garten angelegt, wo ich Weißkohl und Kartoffeln anbaute. In vorhergehenden Jahren war das nicht lohnend gewesen, weil es ja von den Kameraden gestohlen wurde. Aber in diesen letzten Jahren bekamen wir aus Westdeutschland viele Pakete, sodass man nicht mehr so hungrig war und die gegenseitige Stehlerei aufgehört hatte.

Nun geschah folgendes:

Ich war an meinem kleinen Gärtchen in der Ecke des Lagers, und in den Ecken des Lagers stehen ja auch die Wachtürme. Ich wollte einen Kohlkopf abschneiden, hatte dazu ein großes Messer mit etwa 15 cm Klinge. Plötzlich fiel mir das aus der Hand. Der Wachtposten oben sah das, und eine kurze Zeit später kamen von der Wache zwei Posten und verlangten von mir das Messer. Sie kassierten es ein und schleppten mich mit zur Wache. An dem Tage war ausgerechnet der Kommodenheini Wachtoffizier.

Er hat mich natürlich fürchterlich verdonnert, dass ich so ein großes Messer besitzen konnte. Eigentlich durften wir überhaupt kein Messer besitzen. Er hat es einkassiert, und siehe da, am nächsten Tag kam er auf die Baustelle, gab mir heimlich das Messer zurück, und sagte: „Hier hast du das Messer, nun gib mir wieder paar Leisten."

So wusch also damals noch eine Hand die andere.

Die Ziegelei

von Hans

Wir kamen eines Tages bei einem Gang über Land auf ein kleines Dorf. Da sprach ich einen alten Russen an. Es war so einer mit Vollbart, noch aus der Kaiserzeit.

Ich fragte ihn: „Was machst Du denn hier in diesem Dorf?" „Na, ich habe die Ziegelei", sagte er. „So, wo ist denn deine Ziegelei?" „Na, hier gleich, siehst du doch, der Tisch da!" Da stand also im Gelände ein Tisch und darauf ein kleines Gestell mit einer Stahlform. Sie war so gebaut, dass man aus Lehm einen Ziegel formen konnte. „Und das ist deine ganze Ziegelei?" fragte ich. „Ja, das ist meine Ziegelei." „Und wo hast du denn deine Lehmgrube?" „Na, die ist doch gleich daneben!" „Ach", sagte ich, „das kleine Loch, das ist deine Lehmgrube?" „Ja, ja." „Und wie viele Ziegel machst du denn da am Tage?" „Ja, das ist verschieden." sagte er, „Erst habe ich hundert gemacht am Tage, und da kriegte ich pro Tag eine Suppe, ein bisschen Brei (auf Russisch ‚Kascha') und eine Scheibe Brot. Da sagte man mir: ‚Du musst mehr machen!' Dann habe ich 200 gemacht, und ich bekam weiterhin eine Suppe, einen Klecks Kascha und eine Scheibe Brot. Und dann habe ich 300 gemacht, und ich bekam weiterhin eine Suppe, einen Klecks Kascha und eine Scheibe Brot. ‚Du musst mehr machen!' sagten die führenden Leute. Und ich habe 400 gemacht. Ich bekam weiterhin eine Suppe, einen Klecks Kascha und eine Scheibe Brot. Seitdem mache ich jeden Tag nur noch 100." Das war die Konsequenz dieser Ausbeuterei.

Diverse Tätigkeiten

von Hans

Ich war im Laufe dieser 10 Jahre in fast allen Wirtschaftszweigen tätig, mit Ausnahme des Metallgewerbes. Die längste Zeit habe ich aber bei Erd- und Bauarbeiten zugebracht. Die stumpfsinnigste Arbeit, die ich mir überhaupt vorstellen kann, ist das Tragen von Erde. Wenn einmal den deutschen Sklaven des 20. Jahrhunderts ein Denkmal gesetzt werden sollte, dann muss es so aussehen: Zwei in Pelz vermummte Gestalten, die eine Trage tragen. Zwei lange Stöcke, in der Mitte zwischen beiden ein Feld von etwa 70 x 70 cm, mit Brettern benagelt und hochkantig noch ein Brett genagelt an drei Seiten. Die vierte bleibt offen zum Abschütten. Auf dieses kleine Feld wird nun Erde geschaufelt, soviel, wie überhaupt da drauf passt. Dann wird es getragen, 50, 100 Meter oder weiter und dann abgeschüttet.

Bei Bauarbeiten am Hang waren das oft viele Hunderte von Kubikmetern Erde. Irgendwelche Baumaschinen gab es damals jedenfalls nicht, wie z.B. Kräne, Bagger oder Traktoren. Bestimmt haben die Russen auch nicht die Schubkarre erfunden! Es hat einige Jahre gedauert, bis wir den russischen Bauleiter dazu überreden konnten, doch mal ein Rad für eine Schubkarre zu besorgen. Den Kasten dazu haben wir dann selbst gebaut. Genauso wurde auch das Isoliermaterial für die Neubauten in die Häuser hinaufgetragen, z.B. Schlacke und Sägemehl. Es hat lange gedauert, bis wir endlich eine Rolle bekamen, mit deren Hilfe das Material dann in Kästen hochgezogen wurde.

Wenn von Arbeit die Rede ist, darf man auch die Normbücher nicht vergessen. In dem religionsfeindlichen System, wo die Arbeitsleistung den einzigen menschlichen Wert besitzt, ersetzten diese Normbücher gewissermaßen die Bibel oder den Koran.

In den 50-ger Jahren gab es etwa 60 solcher Normbücher. Praktisch für jeden Berufszweig ein ganzes Buch. Jede nur irgendwie messbare Tätigkeit war darin aufgeführt, mit ihrem Zeitwert und Stücklohn. Aus dem Zeitwert pro Stück oder pro Kubikmeter z.B. konnte man die Tagesnorm errechnen, indem man acht Stunden durch die Zeitnorm teilte. So ergab sich die Norm für diesen Tag. Aus dem Stücklohn ergab sich am Monatsende der Monatsverdienst.

Ursprünglich waren diese Zeitwerte aus der Erfahrung mit gesunden Menschen bei angestrengtester Leistung. Das Teuflische aber war, dass von Zeit zu Zeit diese Normen einfach aufgrund von Verordnungen erhöht wurden. Das bedeutete praktisch, dass man in der Zeiteinheit noch mehr leisten musste, beziehungsweise weniger Verdienst bekam. So war z.B. der Aufstand in der Deutschen Demokratischen Republik 1953 die Folge einer solchen willkürlichen Normerhöhung. Die Ost-Berliner Bauarbeiter demonstrierten heftig dagegen. Der Aufstand wurde damals mit sowjetischen Panzern niedergeschlagen.

Weil ich ziemlich gut Russisch lesen und schreiben konnte, war ich in den 50-ger Jahren zeitweilig Normrechner unserer Brigade. Das war eine Wissenschaft für sich! Man musste nämlich auch das Kleingedruckte lesen und auszulegen verstehen.

Bei Erdarbeiten z.B. ist es ein großer Unterschied, ob ich einen Kubikmeter in Sandboden oder Lehmboden graben muss, oder in steinigem Boden oder im Felsen. Gerade in Sibirien war es auch wichtig, ob und wie tief der Boden gefroren war.

Bei schlauer Ausnutzung aller Sonderregelungen konnte man, wenigstens auf dem Papier, noch vernünftige Normen erreichen. Von diesen Normverpflichtungen waren nur wenige Tätigkeiten ausgenommen. Z.B. Maschinistinnen im Schacht, die nur die laufenden Motoren zu überwachen hatten. Oder die Werkzeugverwalterin auf unserer

Baustelle. Diese Tätigkeiten wurden mit einem kärglichen Stundenlohn berechnet.

Abschließend zum Thema Arbeit möchte ich noch folgendes sagen:

Es wird behauptet, die Sowjets hätten absichtlich deutsche Kriegsgefangene verhungern lassen, oder durch Arbeit zu Grunde gerichtet. Das braucht man so nicht zu behaupten. Mit ihren eigenen Leuten in den Straflagern sind sie ja ebenso umgegangen. Dabei haben sie ohne Gewissensbisse auch Tote in Kauf genommen.

Von den etwa 3,3 Millionen Kriegsgefangenen am Ende des Krieges sind insgesamt 2 Millionen entlassen worden. Über das Schicksal von 1,2 Millionen gibt es keinerlei Hinweise.

Unsere Spanischen Kameraden

von Hans

Das folgende Kapitel ist die Erklärung meines Vaters der Geschichte, aber mir wurde gesagt, dass dies historisch nicht korrekt sei. Es mag ihm dies von einigen spanischen Genossen oder deutscher Propaganda zugetragen worden sein.

Es klingt vielleicht merkwürdig, aber wir hatten tatsächlich spanische Kameraden im Lager. Es waren 33 Mann. Und noch kurioser ist, dass es zweierlei waren, nämlich „Rote" und „Blaue". Die Vorgeschichte ist folgende:

Der spanische Bürgerkrieg tobte von 1936 bis 1939. Auf der einen Seite kämpfte Franco mit seinen Nationalen, unterstützt von Deutschen und Italienern mit Waffen und Soldaten. Auf der Gegenseite, der „Roten" also, standen die Republikaner, unterstützt von der Sowjetunion. Nach kurzer Zeit war sie nicht nur unterstützt, sondern so stark beeinflusst, dass aus der republikanischen Armee eine Armee unter kommunistischer Führung wurde. Stalin hatte schon damals die Absicht, den Westen Europas von Spanien aus aufzurollen und seinen Kommunismus zu verbreiten.

In Frankreich waren damals auch schon viele Kommunisten. Die Sowjets ließen sich ihre Waffen und Munitionslieferungen auch teuer mit Gold bezahlen. Als der Krieg 1939 mit Frankos Sieg zu Ende ging, lag gerade ein spanisches Schiff im Schwarzmeerhafen von Odessa, um wieder Waffen und Munition zu laden. Da sagten die Sowjets: „Der Krieg ist zu Ende und Ihr könnt ja doch nicht mehr nach Hause in Eure Heimat. Lasst nur gleich das Gold hier und bleibt Ihr selbst auch hier."

Die Spanier wurden aber nicht als freie Bürger angesiedelt, sondern kamen gleich in Arbeitslager. In solchen blieben sie dann auch bis 1955, also volle 16 Jahre. Es ist verständlich, dass die „Roten" Spanier von ihrem Sozialismus sehr schnell geheilt waren. Sie vertrugen sich auch sehr gut mit den „Blauen". Als Dank für die deutsche Hilfe im Bürgerkrieg hat Franco später eine Division Freiwilliger Spanier an unsere deutsche Front gegen die Sowjetunion geschickt, die „Blaue Division", und von dieser kamen die „Blauen" Kriegsgefangenen.

In den 50-ger Jahren hatten die Spanier es viel schlechter als wir Deutschen, denn sie haben niemals Pakete aus der Heimat bekommen. Aber sie bekamen von uns einen Teil der Lebensmittel ab. Die Verpflegung im Lager war insofern geändert worden, dass anstatt drei dünner Suppen am Tag nur noch eine dicke gekocht wurde. Die Zuteilung der Mengen war jedoch gleichgeblieben. Jedenfalls hatten die Spanier auf diese Weise doch auch einen Vorteil von unseren Paketsendungen.

Eines muss man den Spaniern lassen: Sie hielten wie Pech und Schwefel zusammen! Im Jahre 1954 passierte folgendes: Urplötzlich wurden einige Spanier in den Karzer gesperrt. Es hieß, sie hatten versucht, einen Tunnel zu graben, durch den sie aus dem Lager flüchten wollten. Dies sei verraten worden. Sofort aber stellten alle Spanier ihre Arbeit ein. Nun wurden auch diese alle in den Karzer gesperrt. Nach einer Woche wurden sie wieder herausgelassen und gingen dann wieder friedlich zur Arbeit. Einen spanischen Kameraden, mit dem ich immer gut zusammengearbeitet habe, werde ich nie vergessen. Er hieß Jesus Jose Catalan aus Zaragossa. Später, als ich selbst oft nach Spanien kam, habe ich mich nach ihm erkundigt, konnte allerdings nur erfahren, dass er inzwischen gestorben war.

Begegnung mit dem Leben

Diese Geschichte wurde 1970 von einem Kameraden meines Vaters geschrieben und ist auch im Buch der positiven Geschichten enthalten. Sie wurde fünfzehn Jahre, nachdem sie freigelassen wurden und in Westdeutschland ein freies Leben führten, veröffentlicht. Ich würde sie gern aufnehmen, weil sie mich tief berührt hat. Wilhelm Scheid schrieb:

Wie oft ich auch schon den Versuch gemacht habe, seitdem heimatlicher Boden meine Füße trägt, ein wenig von dem festzuhalten, was während langer Jahre Sinn und Inhalt eines Schattendaseins war, immer wieder ist die Feder mir entglitten unter dem wachsenden Zweifel, ob es gelingen werde, die rechte Form der Übermittlung zu finden. Konnte überhaupt das Verständnis dieser Dinge gefordert werden von Menschen, die, mögen ihre Herzen noch so aufgeschlossen sein, doch nun schon wieder eine ganze Reihe von Jahren Gefühle der Geborgenheit, der Sicherheit und vor allem der körperlichen und geistigen Freiheit als selbstverständliche Voraussetzung für menschliches Dasein anzusehen gewohnt sind? Hinzu kam, dass mir selbst zum Teil schon entglitten war, was damals für alle Zeiten in die tiefste Seele eingebrannt schien, weil es an Schwere des Erlebens so einmalig, so gewaltig war, dass nichts jemals im Stande sein würde, es wieder verwischen, geschweige denn gar einmal auslöschen zu können.

Unter den vielen Gaben der Natur haben wir Menschenkinder für eine besonders dankbar zu sein, jenes Geschenk nämlich des Vergessen Könnens, die unauffällige Umwandlung durchgestandener Prüfungen in eine Form der Reife, wie sie die Zeit in uns vollbringt und damit unserem Leben einen besonderen Adel gibt. Und dass sie auf der anderen Seite ihre Hand dazu reicht, schöne und angenehme Erinnerungen wiederaufleben zu lassen, wenn irgendeine Saite in uns in Schwingung versetzt wird und dann scheinbar Entschwundenes aus unserem Unterbewusstsein wieder an die Oberfläche tritt.

Man muss sich dabei vergegenwärtigen, wie es im Inneren eines Menschen ausgesehen haben mag, der im Verlaufe von zehn Jahren alle Stadien der Erniedrigung durchschritten, jegliche Art von Entwürdigung ausgekostet hatte. Dass ein fragwürdiges System ihn zum Verbrecher zu stempeln versuchte, bedrückte ihn dabei am wenigsten, denn sein Gewissen sprach ihn frei.

Wie er inmitten krimineller Elemente übelster Prägung unter chaotischen Verhältnissen diese Zeit hinter sich gebracht hat, das allerdings war ihm längst nicht mehr bewusst. Sein Gefühlsleben war angesichts unablässiger, schauriger Schauspiele innerhalb eines Kraters von Verworfenheit in solchem Maß abgestumpft, dass er verlernt hatte, Dinge zu registrieren, die sich früher einmal Freude oder Leid genannt hatten. Und fast schien es, als habe eine Verlagerung dieses Zustandes völliger Unansprechbarkeit vom Seelischen auch schon ins rein Körperliche sich vollzogen, als sei der Leib ebenfalls unempfindlich geworden gegen Strapazen und Entbehrungen, gegen die Kälte sibirischer Winter. Das ruhmlose Ende so vieler Kameraden hatte immer wieder die Unabwendbarkeit dieses Schicksals unterstrichen, mochten sie der grassierenden Dystrophie oder Tuberkulose, den feindlichsten Elementen der Natur oder den Kugeln heimtückischer Wachtposten zum Opfer gefallen sein.

Jener Sträfling mit seinem großen, weißen Nummernfleck E 772 auf Rücken und Oberschenkel, der vordem irgendwo und irgendwann einmal einen bürgerlichen Namen getragen hatte, war sich im Laufe dieser langen Jahre nur einer Tatsache bewusstgeworden, dass hinter ihm sämtliche Brücken zur Welt gesprengt waren. Für ihn gab es keinen Hoffnungsschimmer auf ein Zurück aus diesem Inferno. Weder hatte ihn bisher irgendeine Kunde erreicht, noch war in der ganzen Zeit jemals eine Nachricht von ihm hinaus gedrungen über die Grenzen des Stacheldrahtes, der ihn einschloss, hinweg über die Grenzen eines Riesenreiches, in dessen Mitte er sich, wie auf einem weiten Ozean treibend, verschollen wusste. Wäre nicht das Unheilvolle des Geschicks dieser Menschen gleich einer Nemesis über dem Ganzen gestanden, man hätte vielleicht einen Abglanz von Romantik in dieser abendlichen Erinnerung erahnen können. So aber formierten sich nur Hunderte gleichgültiger, abgestumpfter, zum Umfallen erschöpfter Sträflinge zum Rückmarsch ins Lager, für eine kurze Zeit erlöst von schwerster Fron. In ihrem Innern war kein Raum für romantische Anwandlungen. Vor Jahrtausenden mochten Sklaven, die am Rande der afrikanischen Wüste Pyramiden errichteten, ähnliche Empfindungen gekannt haben, wie sie jetzt diese bedauernswerten Gestalten eines Zwanzigsten Jahrhunderts bewegten. Nach der üblichen Zählung setzte sich der lange Zug in Bewegung, eskortiert von einem Aufgebot von Wachmannschaften, die Maschinenpistole im Anschlag. Ein Schritt vom Wege war der Tod.

Zu Mittag hatte der Koch, als er das Essen hinaus in den Wald brachte, die Nachricht verbreitet, dass am Abend im Lager die Ausgabe von Paketen erfolgen würde, die im Laufe des Tages eingetroffen seien. Dieses Ereignis wiederholte sich gewöhnlich zweimal in der Woche. Es waren dies die Freudentage der Sowjetrussen unter den Sträflingen. Sie standen mit ihren Angehörigen in regelmäßiger Postverbindung. Wir Ausländer aus West und Ost hatten mit der Zeit gelernt, dem Segen, der auf diese Glücklichen herniederging, mit stoischem Gleichmut ins Auge zu schauen. Wir wussten, dass wir, die Geächteten, kein Recht auf irgendwelche Erleichterung unserer Lage zu beanspruchen hatten. Unsere Heimat lag auf einem anderen Planeten, zu dem es keine Verbindung gab.

Neben mir schritt Mihail Hwan, mein koreanischer Freund aus Leningrad, ehemals Privatdozent an der dortigen Universität, jetzt Sträfling auf zwanzig Jahre wegen irgendwelcher kritischer Auslassungen. Seine Familie lebte nun irgendwo in Mittelasien und ließ ihm von Zeit zu Zeit Pakete zukommen, ohne die er auch wohl kaum fünfzehn

Jahre hinter Stacheldraht überstanden haben würde. Erst vor wenigen Tagen hatte er wieder Post bekommen, mit der man ihm ankündigte, dass ein Paket an ihn unterwegs sei.

Hwan war ein ausgezeichneter Musiker. Am gelegentlichen freien Sonntag holten wir beide wohl manchmal unsere Geige hervor zum gemeinsamen Musizieren. Und auch drüber hinaus gab es eine Reihe von Interessengebieten, die uns zusammenfinden ließen, sodass sich mit der Zeit eine enge Freundschaft entwickelt hatte. Auf diese Weise wurde ich denn auch zum gelegentlich stillen Teilhaber an den Paketsendungen meines Freundes. Trotz ihres bescheidenen Inhaltes bedeuteten sie für einen Lagersträfling einen großen Reichtum und eine unschätzbare Hilfe. So manches Mal hatten wir uns doch eine zusätzliche Mahlzeit gestalten können, und nicht selten schon hatte ein Stückchen Speck oder Zucker auch mir zusätzliche Kalorien gespendet. So konnten wir auch an diesem Tage kaum die Rückkehr ins Lager erwarten. Aber es kam diesmal doch ganz anders, als wir es beide erwartet hatten. Im Lager harrte unser eine bittere Enttäuschung. Das Paket war noch nicht angekommen. Es hieß also, warten bis zum nächsten Ausgabetag. Und so waren wir denn gerade im Begriff, uns des Schmutzes zu entledigen und uns fertig zu machen zum Gang in den Speisesaal, als ein Ruf durch die dicht gefüllte Baracke drang, der die schmutzig-verschwitzten Gesichter der Männer aufblicken ließ. Dieser Ruf betraf mich und war eine Aufforderung, mich sofort beim Offizier des Lagers zu melden. Auf dem Wege zum Lagerkommandanten hatte ich so meine eigenen Gedanken über den Grund zu dieser Vorladung. Sicherlich stand sie mit der Tatsache in Verbindung, dass ich in den letzten Wochen weit unter meiner Arbeitsnorm geblieben war. Ich war mir dessen bewusst und hatte es auch schon längst an der verringerten täglichen Brotration gemerkt. Aber was war schon zu machen, wenn die Kräfte nicht mehr ausreichten? Auf alles gefasst betrat ich das Dienstzimmer des Lagergewaltigen. Dass mich hier die stärkste Erschütterung seit zehn Jahren erwarten sollte, konnte ich allerdings nicht ahnen. Der Major stand vor seinem

Schreibtisch, auf dem ein großes Paket lag. Er deutete mit der Hand darauf hin und sprach nur ein einziges Wort: „Posmotri!". Dieses „Schau her!" in russischer Sprache sagte mir noch wenig. Als er aber dann dem erstarrt vor ihm Stehenden klar zu machen versuchte, dass eben dieses Paket für ihn heute aus Westdeutschland eingetroffen sei, da wurde dem Sträfling E 772 schwarz vor den Augen. Eine riesige Kluft schien sich vor mir zu öffnen und im gleichen Augenblick auch wieder zu schließen. War es, als griffe mir da plötzlich jemand nach der Gurgel? Irgendetwas würgte schwer in meiner Kehle und suchte nach Befreiung. Kalter Schweiß trat mir auf die Stirn, und ich fühlte, wie die Knie weich zu werden drohten. Instinktiv suchte ich nach einem Halt. Was zehn Jahre voller Schrecknisse nicht hatten zuwege bringen können, dieser eine Augenblick löste es aus mit elementarer Gewalt. Dort, wo ich kein Herz mehr gekannt hatte, fühlte ich nun plötzlich wieder eines schlagen, nein jagen, denn auch dieses geängstigte Gebilde konnte gleich dem Hirn dieses Wunder noch nicht fassen, noch nicht ermessen die umstürzende Gewalt dessen, was da soeben vor ihm sich aufgetan hatte. Eines aber verspürte es wohl eher als der nüchterne Verstand, dass dies der Augenblick einer Wiedergeburt sein musste, dass soeben hier ein Toter zum Leben wiedererweckt worden war.

In welcher Verfassung ich mit zitternden Händen dieses Kleinod an jenem Abend über den Lagerplatz zu unserer Baracke getragen habe, wer vermöchte es heute noch einmal nachzuempfinden. Eines nur ist der Erinnerung fest verhaftet geblieben. Wir beide, Mihail Hwan und ich, haben an diesem Abend noch einmal unsere Geige hervorgeholt und mit müden Gliedern zusammen das Kaiserquartett von Josef Haydn gespielt. Diesmal spielte ich die erste Geige, und ich glaube nicht, dass ich sie jemals mit einer solchen Inbrunst gespielt habe oder je wieder werde spielen können. Das Fehlen der beiden Unterstimmen empfanden wir nicht. Sie schwangen in jener Stunde um unser beider Seelen mit.

So endet denn Wilhelm Scheids Geschichte.

Pakete aus der Heimat

von Hans

Ich habe schon berichtet, dass wir in den ersten Jahren der Kriegsgefangenschaft, von 1945 bis 1948, bitterste Not gelitten haben. Die offiziell festgelegten Verpflegungssätze hätten nicht gereicht, um uns bei Kräften zu halten. Hinzu kam, dass von der Verpflegung noch ein Teil von dem sowjetischen Lagerpersonal und auch von der deutschen Lagerprominenz „abgezweigt" wurde, sodass für die allgemeine Belegschaft schon wesentlich weniger herauskam. Die Verpflegungssätze haben sich auch bis zu unserer Entlassung 1955 nicht geändert.

Meine Frau, die mit unserer Tochter bis zu meiner Heimkehr noch in der Sowjetischen Besatzungszone (später Deutsche Demokratische Republik genannt) wohnte, hat einmal versucht, mir ein Paket zu schicken, und zwar einen Kuchen zu Weihnachten. Das Paket kam bei ihr zu Pfingsten wieder an, und der Kuchen bestand nur noch aus vertrockneten Krümeln. Danach hat sie nie wieder etwas geschickt, mit einer Ausnahme. Davon aber später.

Die ersten, noch wenigen, richtigen Pakete sah ich gegen Ende 1949, als einige Kameraden diese bekamen. Was mir dabei am meisten auffiel, war weniger der Inhalt, sondern die wunderschönen Verpackungen der einzelnen Waren. Wenn die Russen in ihrem Magazin etwas kauften, sagen wir einen Fisch, dann packten sie ihn am Schwanz und trugen ihn unverpackt nach Hause. Verpackungsmaterial gab es einfach nicht.

Die richtige Paketaktion begann aber erst im Jahre 1950. Da wurden in der Bundesrepublik allmählich die Adressen von allen Kriegsgefangenen gesammelt und nach dem Alphabet auf die verschiedenen Hilfsorganisationen verteilt, z.B. Deutsches Rotes Kreuz, Deutsches Evangelisches Hilfswerk, Katholischer Caritas Verband und Arbeiterwohlfahrt. Diese Pakete durften aber nicht unter dem Absender dieser

Hilfsorganisationen versandt werden, sondern jedes musste eine Privatanschrift als Absender tragen. So bekam jeder mit der Zeit wenigstens einmal im Monat ein Paket.

Kameraden, die ihre Angehörigen in West-Deutschland hatten, bekamen von diesen natürlich außerdem noch Pakete. So stand ich einmal bei der Paketausgabe neben Harald von Bohlen, dem jüngsten Sohn der Krupp Familie. Aus dessen Paket wurden, sage und schreibe, 15 Rollschinken ausgepackt. Da war ich natürlich furchtbar neidisch!

Hauptsächlicher Inhalt der organisierten Pakete waren Butter, Wurst, Schinken, Keks, Kakao, Kaffee, Dosenmilch und Zigaretten. Gelegentlich bekamen wir auch Socken, Gummistiefel und andere Bekleidungsstücke. Etwa ab 1952 bekam ich monatlich zwei Pakete. Da hatte meine Großtante Klara, die Schwester meines Großvaters, meine Adresse an das Deutsche Rote Kreuz in Hamburg gemeldet.

Nur einmal noch schickte mir meine Frau ein Paket. Es war eigentlich nur ein winziges Päckchen. Es sah so aus, als ob nur ein Riegel Schokolade drin wäre, aber es war gar nichts Essbares. Es war ein Rechenschieber, den ich von ihr angefordert hatte. Ich brauchte ihn für meine Normberechnungen. Heute gibt es stattdessen ja die Taschenrechner. Als unser russischer Bauleiter den Rechenschieber sah, wollte er ihn natürlich gleich selbst haben. Aber ich gab ihn nicht her!

Die Paketausgabe war oft auch eine Schikane. Die sowjetischen Soldaten öffneten vor unseren Augen die Pakete, öffneten auch die Konservendosen und die einzelnen Schachteln. Sie stocherten mit langen Messern in allem herum, um eventuell Waffen oder Kassiber zu finden. Besonders schikanös war es, dass sie alle Zigarettenpäckchen quer durchschnitten, so dass dabei nur zwei Kippen übrigblieben. Wir mussten dafür erst wieder Zigarettenpapier anfordern, um sie wieder zusammenzukleben. Einmal war in einem Paket auch eine

Kokosnuss, und der sowjetische Sergeant sagte: „Ja, so eine Fabrik haben wir auch in Moskau!"

Zusammenfassend möchte ich sagen, dass der Wert der Paketsendungen gar nicht überschätzt werden kann. Sie haben ganz wesentlich zu unserem Überleben beigetragen.

Die Entlassung

von Hans

Eines Tages, im Juni 1955, passierte folgendes: Auf jede Baustelle kam ein sowjetischer Offizier, und während der Arbeitszeit wurde jeder Kriegsgefangene durch diese Offiziere karteimäßig völlig neu erfasst. Es lag wohl eine Karte über jeden vor, auf der Heimatanschrift und Personalien angegeben waren. Eigenartig war, dass diese Kartei nun plötzlich ganz neu angelegt werden sollte. Es sprach sich herum, die Kartei sollte an diesem Tage schon bis Mitternacht in Moskau sein. Wie das ja in Russland alles immer übertrieben wird, und alles wird von Moskau dirigiert.

Ich selbst war bei dieser Gelegenheit erstmalig schlau genug und habe nicht meine Heimatanschrift in der Sowjet-Zone angegeben, sondern Hamburg, wohin ich durch ganz weitläufige familiäre Bindung Kontakt hatte. Das hat sich bei der Entlassung dann sehr als Vorteil erwiesen. Wir waren der Meinung, dass nun etwas in der Luft liegt.

Tatsächlich erging die Einladung an unseren Kanzler Adenauer, nach Moskau zu kommen. Adenauer hatte zwar schon seit Jahren die Entlassung der Kriegsgefangenen gefordert, bisher aber ohne Erfolg. Diesmal ging also die Initiative nicht von Adenauer aus, sondern von dem sowjetischen Machthaber Chruschtschow. Dieser hatte offenbar beabsichtigt, in einem Handel für die Diplomatischen Beziehungen mit der Bundesrepublik, und das heißt gleichzeitig für eine Spionage-Zentrale in Bonn, die Kriegsgefangenen anzubieten. Wie immer bei hochpolitischen Treffen von Staatsmännern wurden auch diesmal schon Vorverhandlungen geführt. Adenauer hatte durchblicken lassen, dass er nur nach Moskau käme, wenn als Ergebnis die Entlassung der Kriegsgefangenen rauskäme.

Im September 1955 fand das Treffen dann tatsächlich statt, und die Verhandlungen waren sehr hart. Als Adenauer z.B. sagte: Nicht nur die deutschen Soldaten hätten Grausamkeiten begangen, sondern auch die sowjetischen, soll Chruschtschow sehr böse geworden sein. Adenauer habe schon Vorbereitungen für eine vorzeitige Rückreise getroffen. Zu diesem Zeitpunkt frohlockte unser Lagerchef und sagte zu einem meiner Kameraden: „Siehst du, nun musst du doch noch hier verrecken!" Angeblich soll Carlo Schmid vermittelnd eingegriffen haben. Aber auch bis zum Ende der Verhandlungen wurde noch nicht eindeutig zugesagt, uns nach Hause zu schicken, sondern man drehte es sich dann zurecht. Die Sowjets machten eine plumpe Geschichtsfälschung:

Zwei Wochen nach diesem Treffen veröffentlichten sie einen Brief, den sie betrügerischer weise zurückdatiert hatten, vom Machthaber der Sowjetischen Besatzungszone, Wilhelm Pieck. In diesem Brief hatte dieser angeblich um die Entlassung der Kriegsgefangenen gebeten. So ist es also, nach sowjetischer Darstellung, dessen Verdienst, dass wir nach Hause geschickt wurden.

Kurz danach wurde eines Abends die ganze Lagerbelegschaft zusammengerufen, und der Lagerchef gab bekannt, dass wir in nächster Zeit entlassen werden sollten. Wir müssten uns nur noch etwas gedulden, denn es konnten schließlich nicht alle auf einmal nach Hause geschickt werden. Tatsächlich begannen die Transporte schon in den nächsten Tagen. Ein paar wenige Brigaden rückten noch aus, um einige restliche Arbeiten auf den Objekten zu Ende zu führen. Es war mehr oder weniger freiwillig. Jedenfalls taten die Russen so, als seien wir von jetzt ab „Freie Bürger". Sie wollten bei uns noch einen herrlichen Eindruck erwecken, damit wir sie in recht guter Erinnerung behielten.

Sie erlaubten uns auch, Gruppenweise ohne Aufsicht in den Ort auszugehen. Das führte leider dazu, dass eine ganze Reihe Kameraden sich im Ort schwer betrunken haben, und dann mussten sie mit dem Panjewagen abgeschleppt werden. Es wurde auch unser „eisernes Konto" ausbezahlt, was zum großen Teil in Alkoholika und Rauchwaren umgesetzt wurde.

Es gab einige wenige wertbeständigere Sachen, wie z.B. Anzugstoff. Diese Sachen waren bei uns in der Kantine zu erhalten. Es lag da auch ein Silberfuchs für 2700 Rubel. Das wäre das Ersparte von vielen Jahren gewesen. Dann lag da noch ein Kinder-Persianermantel für 900 Rubel. Den hätte sich ein Sowjetbürger sowieso nicht für sein Kind leisten können. Den kaufte ich!

Die ersten Transporte gingen ab. Wir räumten nun allmählich unsere Habseligkeiten, die wir noch hatten, auf. Davon hatte sich in der Zwischenzeit eine ganze Menge angesammelt. Da waren Gummistiefel aus Paketen, Rucksäcke, Gefäße, sehr schöne Blechdosen zum Beispiel. Es waren auch noch Konserven übrig. Kakao war so viel geschickt worden, dass er gar nicht verbraucht werden konnte. Wir haben dann eine Aktion gemacht. Wir sind aufs Dach unserer Baracke gestiegen und haben das, was wir abstoßen wollten, im hohen Bogen über den Lagerzaun geworfen. Draußen scharten sich die Zivilisten und fingen es auf. Da gab es große Schlägereien. Die Polizei musste kommen und die Zivilisten davonjagen. Wir wollten nicht, dass unsere Lagerverwaltung und die Bewachungsmannschaften unsere Habseligkeiten übernahmen.

Um einen guten Eindruck bei uns zu hinterlassen, trat auch noch eine Kulturgruppe aus Swerdlowsk auf, Schauspieler vom Theater, und gestalteten einen Abend bei uns.
Schließlich, am letzten Tag, als die große Masse des Lagers abmarschierte, tauchte ein Musikchor der Roten Armee auf, darunter auch noch ein General. Sie machten ein Platzkonzert und marschierten noch mit bis zum Bahnhof, wo sie ein Abschiedskonzert gaben.

Wir waren noch einmal neu eingekleidet worden, bekamen diese bekannte russische, dünne, blaue Einheitskleidung und neue Wattekleidung. Die Transportwagen waren mit Stroh ausgelegt. Jeder hatte sogar ein Bettlaken und ein Kopfpolster. Die Transporte wurden genau nach der neuen Kartei eingeteilt. Wer eine Heimatadresse in Westdeutschland angegeben hatte, der kam in einen Zug, der bis nach Herleshausen, dem Grenzbahnhof der Bundesrepublik, ging. Jene, die als Heimatadresse die Sowjetzone angegeben hatten, fuhren nur bis Fürstenberg an der Oder. Dort hat es, wie ich hörte, eine ganze Reihe Szenen und Schlägereien gegeben, weil viele nicht in die Sowjetzone nach Hause wollten. Manchen ist es dann doch noch gelungen, mit der Eisenbahn oder mit Bussen nach Herleshausen gebracht zu werden.

Ich bin am 16. Oktober 1955 in Herleshausen eingetroffen. Von dort fuhren wir in Bussen, in einem Triumphzug ohnegleichen, bis nach Friedland zum Entlassungslager. Wir wurden freudig begrüßt von der deutschen Bevölkerung, so als ob wir die letzten Helden des zweiten Weltkrieges wären. Der Jubel und die Freude ließ den vielen Frauen, die auf den Bürgersteigen standen und Schilder mit Fotos und den Namen ihrer noch vermissten Angehörigen hielten, Tränen in die Augen steigen. Sie hofften, jemand würde ihre Gatten oder Brüder erkennen und sie über ihr Schicksal informieren. Als wir vorübergezogen waren, erlosch dieser letzte Hoffnungsschimmer. Als ich später am Hamburger Bahnhof ankam, saß dort meine Tante Klara (90 Jahre alt) auf einem Stuhl und erwartete mich.

Am 17. Oktober rief ich meine Tochter an, die an diesem Tage ihren 11. Geburtstag feierte. Ich hatte sie noch nie gesehen.

Erinnerungen

Meine Eltern Hans und Else Oertel am Tag ihrer
Hochzeit, 29. Dezember 1939

Zeichnung meines Vaters

Modell des russischen Kriegsgefangenenlagers
Nummer 7622 in Korkino, Sowjetunion

Selbiges Camp wie oben, nur mit der üblichen,
nächtlichen Beleuchtung, welche jedwede
Flucht unmöglich machte

Erste Postkarte meines Vaters aus der Kriegsgefangenschaft vom 30.11.1945:

„Meine liebe Else! Ich lebe noch, bin gesund, und es geht mir gut in russischer Gefangenschaft. Schreib mir, ob alle noch am Leben und wohlauf sind. Verwalte alles gut, schone kein Geld und halte dich und Elke gesund bis zu meiner Heinkehr. Grüße alle Lieben in der Heimat und gib Mutter Bescheid. Ich denke immer an dich und küsse dich und unser Mädel vieltausendmal. Dein Hans."

Postkarte aus meiner Heimat Demitz-Thumitz zu Zeiten meiner Kindheit

Ich wuchs allein mit meiner Mutter im Osten der DDR auf

Zeichnungen aus meinem Kindertagebuch über das Leben der Jungpioniere

Meine Großmutter Martha Venus nebst ihren Enkelkindern (v.l.): Manfred, Konrad, Ruth, hinter ihr Heinz, vor ihr Elfi, auf Omas Schoß ich und Eckard, hinten ihr Ludwig, neben Letzterem Inge, vor dieser Traudel und ganz rechts Renate

Postkarte aus der Gefangenschaft, welche Vater Trost gespendet haben mag und eine spätere Zeichnung von ihm aus Hildesheim

Endlich frei! Mein Vater nach seiner Entlassung 1955 mit Tante Klara in Hamburg

Auf Besuch bei meinen Eltern in Westdeutschland während meiner Zeit als internationale Flugbegleiterin – 21 Jahre jung und Stewardess!

Meine Eltern auf ihrem Anwesen *La Paloma*, zu Deutsch: „Die Taube", in Spanien

Mein Mann Tom & ich vor *La Paloma*!   Zeichnung meines Vaters

Ein Traum wird wahr! Mit meinen Schützlingen in der von mir gegründeten Vorschule nach Maria Montessori bei uns in Rocklin, Californien.

Als mein Vater heimkam

Bei der Zugfahrt meines Vaters durch Ostdeutschland hielt der Zug an einem Bahnhof. Vater steckte einer deutschen Frau eine Notiz zu, in welcher er sie bat, meiner Mutter eine Botschaft zukommen zu lassen. Sie lautete: „Gehe am 17. Oktober nachmittags um 15 Uhr daheim zum Postamt und warte auf meinen Anruf." Zu der Zeit, 1955, hatten wir keine Telefone in Privathäusern und mussten für sämtliche Anrufe auf die Post gehen. Ich bekomme eine Gänsehaut, wenn ich an die Aufregung von damals zurückdenke. An jenem Tag sprach ich zum ersten Tal mit meinem Vater. Es war noch dazu mein elfter Geburtstag.

Meine Mutter und ich sowie die Mutter meines Vaters durften ihn für zwei Wochen in Hamburg besuchen. Als wir mit dem Zug am Hamburger Hauptbahnhof ankamen, verloren mich meine Eltern fast, weil ich hinter einem jung aussehenden Mann herging, den ich für meinen Vater hielt. Mutter hatte mir stets erzählt, wie gutaussehend, schneidig und brillant er war, aber als ich sah, wie sie einen älteren, zerlumpten Mann mit tief gezeichnetem Gesicht begrüßte, erkannte ich ihn von seinen Fotografien her nicht. Was für eine Enttäuschung! Auch für die beiden muss es ein Schock gewesen sein, sich so nach zwölf Jahren wiederzusehen.

Wir lebten kostenlos in einem Gasthaus und bekamen auch unsere Mahlzeiten, weil die westdeutsche Regierung die Männer als Helden behandeln und ihnen helfen wollte, ein neues Leben aufzubauen.

Meine Erinnerung an diesen Besuch ist lückenhaft – die Begegnung mit Tante Klara in ihren Neunzigern mit rot lackierten Fingernägeln in einem Paternoster, so einem Aufzug, in den man hinein- und wieder herausspringen musste, während er sich weiterbewegte. Meine Großmutter verschluckte sich an einem Steak, nachdem sie es fast zu Tode gekaut hatte, denn sie hatte in ihrem ganzen Leben noch nie eines gegessen. Hamburg, jene riesenhaftglorreiche, durch Millionen von Lichtern erstrahlte und vor prallem Leben pulsierende Stadt war überwältigend und spannend zugleich.

Wir mussten nach Demitz zurückkehren, um einen Ausreiseantrag zu stellen. Wir wollten samt unserem Hab und Gut, welches wir im Hause meiner Großeltern hatten, nach Westdeutschland auswandern.

Es dauerte weitere sechs Monate, bis meine Eltern wieder zusammen sein konnten. Die ostdeutsche Regierung lehnte unseren Antrag, nach Hamburg zu ziehen, um bei Vater sein zu können, ab. Meine Mutter hatte eine gute Stelle bei einer Versicherungsgesellschaft. Jeder gesunde Arbeiter wurde gebraucht, damit die sozialistische Regierung wachsen konnte.

Das Geheimnis

Der Tag, ab dem das Leben nie wieder dasselbe sein würde, war im April 1956, einem ganz normalen Schultag in jener Klasse von elf Schülern der fünften Klasse in meiner kleinen Heimatstadt in Ostdeutschland.

Die Schule war ein ehrwürdiges, zweistöckiges Gebäude für Schüler der ersten bis neunten Klasse. Wir lernten Rechnen, Schreiben, Grammatik, Biologie, Staatsbürgerkunde und Russisch. Wir sangen auch viel (ich erinnere mich an Hunderte von Liedern). Ich ging gern zur Schule, weil mir das Lernen leicht von der Hand ging. Ich erinnere mich an den morgendlichen Appell:

Biener, Brettschneider, Lenz, Michalk, Motz, Oertel (das bin ich), Pietsch, Reck, Rietsche, Stoinsky, Wichiteck. Elf Jahre war ich damals alt, und ich erinnere mich heute noch an all jener Kinder Familiennamen.

An diesem Tag blickte ich aufgeregt drein, galt es doch, ein großes Geheimnis vor allen zu wahren. Ich wusste, dass ich womöglich keinen meiner Klassenkameraden und Lehrer je wiedersehen würde. Über Nacht würde ich aus meiner Heimatstadt verschwunden sein, und ich konnte mich nicht einmal verabschieden.

Am Nachmittag versammelten wir Kinder uns in einem kleinen Raum im Rathaus, wo hoch oben in der Ecke des Raumes ein kleiner Fernseher installiert war. Es war der einzige Fernseher in der Stadt, und die Aufregung über diese neue Erfahrung war groß. Wir durften eine Kindergeschichte auf einem 16 x 20" Bildschirm sehen. Das war Fortschritt in Aktion im Jahre 1956! Ich stand mit den anderen und gaukelte Interesse vor, während das übermächtige Geheimnis in meinem Kopf rumorte.

In jener Nacht kamen zwei meiner Cousins mit einem Lastwagen und holten meine Mutter und mich ab, um uns ins etwa fünfzehn Kilometer entfernte Bautzen zum Bahnhof zu fahren. Wir verabschiedeten uns von meinen Großeltern, mit denen wir zusammengelebt hatten. Niemand sonst sollte davon wissen, damit sie nicht in die Verschwörung verwickelt würden. Viele Menschen wurden damals bereits wegen geringerer Verbrechen, wie der schieren Kritik am kommunistischen System, inhaftiert – und das berüchtigtste und gefürchtetste Gefängnis war das Bautzener.

Der Schnellzug nach Berlin fuhr in meiner Heimatstadt über die Eisenbahnbrücke, hielt aber nicht am Bahnhof. Heut kommen mir die Tränen beim Gedanken daran - damals mitnichten. Angst und Heiterkeit verschmolzen in der Hoffnung, die Ausfragung am russischen Kontrollpunkt heil zu überstehen und unsere Flucht zu einem guten Ende zu bringen.

Meine Mutter hatte einen Termin bei einem Zahnarzt in Westberlin. Sie hatte nur eine Handtasche, ihr kleines Mädchen mit einer Puppe und sonst nichts bei sich. Der Moment, als die Grenzpatrouille in unsere U-Bahn stieg, war der schauderhafteste meines Lebens. Sie fragten mich irgendwas über meine Puppe. Angst, das Falsche zu sagen, rot im Gesicht zu werden und unser Geheimnis preiszugeben schoss in meinen Kopf. Meine Antwort muss unbedarft gewesen sein – jedenfalls ließen sie uns im Zug verweilen. Wir nahmen eine Straßenbahn, die im Kreis vom kommunistischen Ostberlin zum freien Westberlin fuhr. Wir stiegen am Bahnhof Tempelhof aus und von dort in ein Flugzeug der Pan American Airlines nach Hamburg, um meinen Vater zu treffen, der die Tickets für unsere Flucht gebucht hatte.

Im Flieger gab mir die nette Stewardess eine Tasse Milch. Sie schmeckte wie Butter für mich. Die Beste, die ich je getrunken hatte! Was das für gute Milch sei, platzte es überrascht aus mir heraus - es war nämlich Vollmilch, die seinerzeit noch streng rationiert war. Da wir Ziegen hatten, war es wahrscheinlich Ziegenmilch, die ich gewöhnt war. Wohl kaum hätte ich mir vorstellen können, dass ich zehn Jahre später erneut ein Flugzeug besteigen würde, welches mich nach Kansas City in Amerika bringt, um dort eine Ausbildung als Flugbegleiterin für die Trans World Airlines anzutreten.

Unser erstes Heim in Familie

Da wir aus der DDR geflohen waren, war uns nichts als die Kleider auf unserem Leib geblieben. Keine Möbel, keine Bedarfe des Haushalts. Mein Vater hatte von der Regierung bei seiner Rückkehr aus Russland eine Zuwendung erhalten, um mit uns in ein neues Leben starten zu können. 5000 Deutsche Mark genügten, um Möbel und alles sonst Notwendige zu besorgen. Unser Apartment befand sich in einer Siedlung, die gänzlich von Flüchtlingen bewohnt wurde. Die meisten von ihnen kamen aus Ostdeutschland, aber auch viele Vertriebene aus Litauen, Schlesien und Ostpreußen (den heute in Polen befindlichen, ehemals deutschen Gebieten) waren darunter.

Die Wohnung befand sich also in einem neuen Vorort von Hamburg, direkt unter der Einflugschneise der Flugzeuge, die zur Landung ansetzten. Es gab etwa dreißig Reihenhäuser mit je zehn aneinandergrenzenden Wohnungen. Die Miete war günstig, die Zimmer klein, aber ausreichend und es gab eine Veranda zum in der Sonne Sitzen. Ich konnte mit dem Fahrrad zur Schule, meine Eltern mit Bus und Bahn zur Arbeit fahren.

Meine Mutter bekam einen Job als Chefsekretärin in einer Schokoladenfabrik. Sie ging gern zur Arbeit, weil man sie dort sehr schätzte. Mein Vater war vor dem Krieg Lehrer gewesen und hatte an derselben Schule unterrichtet, die ich als Kind in meiner Heimatstadt besuchte. Sein Gehalt war niedrig gewesen, und so hatte er im Zuge seiner Heirat den Beschluss gefasst, als Beamter in einer Arbeitsagentur mit deutlich höherem Gehalt zu arbeiten. Zu seinen Aufgabengebieten gehörte es, Eignungsprüfungen durchzuführen, um Menschen in einen ihnen angemessenen Beruf zu bringen. Obgleich er nur sechs Monate dort gearbeitet hatte, ehe er an die Front geschickt wurde, mussten sie ihm nach seiner Rückkehr 16 Jahre später eine Arbeit auf diesem Gebiet mit einem Bonus für die Jahre in Gefangenschaft anbieten. Seine Gehaltsklasse lag höher als die der meisten seiner Kollegen, was Neid und Zwietracht mit sich brachte. Er ist mit seinem Arbeitsumfeld nie warm geworden. Sein Versuch, wieder Lehrer zu werden, scheiterte daran, dass er hätte von neuem studieren müssen, was mehrere Jahre bedeutet hätte, um einen Abschluss zu erlangen. Mit 43 Jahren, körperlicher Versehrtheit an Leber, Nieren und Magen, was besonders des Nachts mit heftigen Schmerzen verbunden war, musste er sich eingestehen, dieser Anstrengung wohl kaum mehr standhalten zu können. Als es mit 65 Jahren für ihn an der Zeit war, sich aus dem Arbeitsleben zurückzuziehen, war er erleichtert und konnte den Tag kaum erwarten.

Nach drei Jahren hatten meine Eltern das nötige Geld, das sie als Anzahlung für ein eigenes Haus brauchten, beisammen. Es war gleichsam ein Reihenhaus, aber diesmal ein dreistöckiger Bau am Ende der Reihe, an den nur fünf weitere angeschlossen waren. Gelegen war es in einem annehmlicheren Stadtteil, neben einem hübschen Park, gleichzeitig der größte Friedhof von Hamburg. Ich liebte mein neues Zimmer unter der Dachtraufe. Hierhin konnte ich meine Schulfreunde und auch meinen Freund einladen. Es ließ sich gut die Zeit vertreiben und wir haben so manches Fest gefeiert.

Besuch von Opa

Der Vater meiner Mutter hieß Max Venus. Dieser mein Opa kam nach ein paar Jahren zu Besuch, als wir noch in der Nähe des Flughafens in Hamburg lebten. Er durfte zwei Wochen bei uns verbringen, nachdem er die Erlaubnis seitens der ostdeutschen Behörden erlangt hatte. Weil er schon alt war, war es ihnen egal, ob er zurückkehrte. Während seines Berufslebens war er eine angesehene Persönlichkeit in unserer Kleinstadt und als Meister eines jener Granitsteinbrüche bekannt gewesen. Er hatte eine Konstruktion erfunden, um den Granit in Loren aus dem Steinbruch zu befördern. Ihm zu Ehren wurde diese „Max-Venus-Bahn" genannt.

Da meine Mutter und mein Vater tagsüber arbeiteten und ich zur Schule gehen musste, hatte Opa den ganzen Tag Zeit, sich zu amüsieren. Er ließ sich morgens zum Flughafen bringen und setzte sich in die Abflughalle. Er lehnte sich bequem in einen Sessel zurück, die Hände über dem dicken Bauch gefaltet, und machte eine stattliche Figur dabei. Zum Spaß gab er vor, irgendwo hin zu reisen. Andere Passagiere sprachen mit ihm, er fragte sie nach ihren Zielen. Manchmal führten sie lange Gespräche, die interessante Geschichten zutage brachten. Menschen aus anderen Ländern faszinierten ihn. Zum Abendessen unterhielt er uns mit all den aufregenden Abenteuern.

Dies war auch das Jahr, in dem die erste Boeing 707 in Hamburg landen sollte, wofür extra eine große Schallschutzmauer gebaut wurde. Wir alle gingen, um die Maschine zu sehen! Das Geräusch der Motoren bei der Landung war erdbebengleich. Noch heute spüre ich Nervenkitzel, wenn ich es höre. Vielleicht war das eines jener Ereignisse, welche den Boden für meine Karriere bereitet haben. Sieben Jahre später stieg ich in London in eine 707 ein, um in New York eine Ausbildung zum

Flugbegleiter in Amerika anzutreten. Mein Großvater wäre so stolz und froh mit mir gewesen!

Nicht angepasst

Die Menschen in Hamburg sprechen ja Hochdeutsch. Ich kam nun aus Sachsen, jener Region mit dem breitesten Dialekt, der die Kinder in meiner neuen Klasse natürlich zum Kichern veranlasste. Ich schämte mich. Anders zu sein war für mich als Elfjährige eine neue und schmerzliche Erfahrung. Meine Zensuren waren nicht mehr brillant, wie während der ersten fünf Schuljahre im Osten. Ich hatte das Gefühl, mein Vater war enttäuscht, dass seine Tochter kein so ausgezeichneter Schüler war, wie er es gewesen war. Ich fühlte mich unzulänglich. Mein Schulaufsatz mit dem Titel „Ein Mädchen sitzt auf dem Bordstein und weint" hinterließ auf den Lehrer so starken Eindruck, dass er meine Eltern anrief, um sicherzustellen, dass ich nicht misshandelt wurde. Ich hatte mir eine recht glaubwürdige Geschichte über ein Mädchen ausgedacht, welches wegen einer schlechten Note so verängstigt war, dass es nicht nach Hause zu gehen wagte. Damals sagte ich, sie sei allein meiner Vorstellungskraft entsprungen – heute weiß ich, dass auch ein Funke Wahrheit darin lag.

In Ostdeutschland hatte ich während der fünften Klasse für sechs Monate Russisch gelernt. In Hamburg war mir das erste Jahr Englisch an meiner neuen Schule entgangen. Mein Vater gab mir Nachhilfe, aber es war die reinste Qual, weil ich mir so dämlich vorkam. Jahr für Jahr erhielt ich eine schlechte Note in Englisch. Könnte ich heute nur mit meinem Englischlehrer sprechen! Mein deutscher Akzent ist nach über fünfzig Jahren in Amerika jedenfalls verschwindend gering.

Das westdeutsche Schulsystem war ganz anders, als ich es gewohnt war. Im Osten hatten wir Traktoren und Landmaschinen oder Arbeiter, die ihre Pflicht erfüllten, gezählt und dabei kommunistischen Ideen und Parolen verwandt. Im Westen lernten wir von den Ländern der Welt, und die Geschichte des Kriegs wurde aus einer ganz anderen Perspektive erzählt. Zahlreiche Filme und Dokumentationen darüber anzusehen, was die Deutschen den Juden angetan hatten, war Pflichtprogramm. Die grausamen Filme ließen bei allen die Frage aufkommen, wie so etwas hatte geschehen können. „Wir haben nur Befehle ausgeführt!" und „Die Leute hatten keine Ahnung." waren ungenügende Antworten. Uns Kindern wurde gesagt, wir müssten die realen Bilder zur Abschreckung sehen, um diese Gräueltaten nie zu vergessen, damit sie sich nicht wiederholten. „Nie wieder!", lautete die Parole.

Meine Lieblingsfächer waren Geografie und Geschichte. Unser Lehrer war fasziniert von Griechenland und Rom, dem Ausbruch des Vesuvs, von Pompeji und Herculaneum, von den Gladiatorenkämpfen und den Sklaven Ägyptens. Das war spannend für uns. Herr Konow, unserem vielbewunderten Klassenlehrer, gelang es, unseren Geist zu öffnen und unser Interesse an der großen, weiten Welt zu erwecken. In Kunstgeschichte studierten wir die Pariser Impressionisten: Henry Toulouse-Lautrec, Monet, Van Gogh, Cézanne und andere.

1958, ich war vierzehn Jahre alt, begann die Zeit, in der wir mit dem Lehrer und den Klassenkameraden über die Sommerferien wegfuhren. Die Reisen dauerten je etwa zwei Wochen. Einen der Ausflüge machten wir in eine Stadt mit einem riesigen, jüdischen Friedhof. Wir sollten das Unkraut von den Massengräbern des Holocaust jäten, wobei die Lektion für uns Schüler darin lag, die grausame Realität von Krieg und Tod nachzuempfinden.

Eine weitere Klassenfahrt verbrachten wir im Harz mit Forstarbeitern. Wir mussten jeden Tag Gras zusammenrechen und auf der Wiese wenden, damit die Wildtiere im Winter genug Heu hätten. So manchen Abend lauschten wir am Lagerfeuer den Geschichten der Waldhüter über die Wilderer. Auf jenen Reisen hatten wir Mädchen begonnen, zärtliche Bande mit dem ein oder anderen Jungen zu knüpfen. Gefühle wurden stark und kompliziert.

Es gab eine Clique, eine Gruppe der beliebtesten Schüler, der ich mich zugehörig fühlte. Wir trafen uns bei einem von uns zu Hause, im Keller oder im Gartenhäuschen, spielten Gitarre und sangen Lieder. Unser Klassiker war ein englischer Titel: „You are my sunshine". Wir gingen auf Konzerte in Hamburgs großem Stadtpark, in dem selbst berühmte, amerikanische Jazzgrößen auftraten. Wenn ich lange ausblieb, war mein Vater zornig auf mich. Fragte ich meine Mutter, ob ich mit meinen Freunden diesen oder jenen Ausflug machen dürfe, sagte sie: „Frag deinen Vater." Ich nahm ihm übel, wenn er Verbote aussprach, denn ich fand, dass es ihm nicht zustand. Meine Mutter war gütig und verständnisvoll. Er war streng und verklemmt (nach meiner Meinung). „Du hast kein Recht, mir vorzuschreiben, was ich tun darf und was nicht. Du warst nie für mich da, als ich ein Kind war. Also hör ich jetzt auch nicht auf dich!", warf ich ihm an den Kopf. Aber natürlich musste ich seinen Entscheidungen folgen.

Auf Besuch bei Verwandten

Mit sechzehn Jahren bat ich die ostdeutsche Regierung um Erlaubnis, meine Heimatstadt besuchen zu dürfen. Dies wurde mir gewährt, weil sie es nicht gegen mich verwendeten, dass ich, damals erst elfjährig, von dort geflohen war. Der Zug brachte mich zur Grenze und hielt für eine Stunde, damit die Grenzschutzbeamten alle Einreisevisa überprüfen konnten. Sie sagten mir, ich solle sicherstellen, dass ich direkt zu der angegebenen Adresse gehe, ohne irgendwo auf dem Weg anzuhalten. Am nächsten Tag sollte ich mich auf dem Polizeiamt registrieren. Die Verwandten, bei denen ich wohnte, durften keine wichtigen Stellungen haben, sonst hätte sich mein Besuch negativ in ihrer Akte niedergeschlagen. Jedermanns Taten und Begebenheiten, die im Zusammenhang mit seiner Einstellung zum Sozialismus standen, wurden dokumentiert. Wenn du ein hohes Tier in der Partei warst, wolltest du keinen Westbesuch empfangen. Die meisten meiner Onkels und Cousins waren politisch nicht dem Kommunismus verpflichtet, aber diejenigen, die wussten, dass es ihnen beruflich schaden würde, mich zu sehen, mieden mich. Ich fand heraus, dass einige Cousins oder Cousinen, deren Eltern Eigentümer eines Unternehmens (wie einer Druckerei) waren oder einem besseren Berufsstand (wie eines Zahnarztes) angehörten, keinen Platz in ihrem gewünschten Studienbereich bekamen. Die Plätze an der Universität waren begrenzt, und es war das Privileg der Arbeiterklasse, ein Studienfach zu wählen, für welches sie Leidenschaft hatte. Der Jugend der Elite wurden die weniger beliebten Stellen gewährt. Durch Zugehörigkeit zur Kirche konnte man ebenfalls benachteiligt werden.

Einer meiner Cousins arbeitete als Chauffeur für den Leiter einer Fabrik. Mitunter war es ihm gestattet, den Wagen für einen privaten Ausflug zu nutzen. Nicht viele Leute konnten sich ein Auto leisten. Sie wurden auf eine Warteliste gesetzt, wenn sie eines bestellten, und bekamen es mit ein bisschen Glück schon 10 Jahre später. Es gab Wartelisten für Fernseher, Kühlschränke und sämtliche anderen Luxusgüter. Der Wagen des Fabrikleiters war übrigens ein Trabi. Von Chemnitz aus, seinerzeit in Karl-Marx-Stadt umbenannt, wollte ich nach Demitz. Es war Winter. Die Autofahrt dauerte etwa zwei Stunden, aber die Heizung war kaputt. Ich erinnere mich, wie mein Cousin einen Ziegelstein im Ofen erhitzte, ein Handtuch darumwickelte und ihn unter meine Füße legte. Er hielt eine ganze Weile warm.

Im nächsten Sommer verbrachte ich Zeit mit meiner Freundin Christine, mit der ich seit meinem Umzug nach Hamburg Briefe ausgetauscht hatte. Wir gingen zu einem Tanz in die nächste Stadt, wo neben deutschen Männern auch russische Soldaten mit uns tanzten. Wortlos und unentwegt lächelnd. Es gab dort nämlich eine große, russische Kaserne. Ich erinnere mich gut daran, wie sie während meiner Kindheit im Wald Übungen gemacht haben. Ihre Panzer rasselten auf ohrenbetäubende Weise, die Ketten kreischten mit einem so hohen Ton, dass es mir kalt den Rücken herunterlief. Ich würde ihn jederzeit wiedererkennen: Den Klang des Krieges.

In Demitz besuchte ich einige meiner früheren Schulkameraden. Wir stellten Vergleiche zu den Geschichten aus unserem Leben auf. Ich war ein typischer Besserwisser unter den Jugendlichen, der sich über alle erhob. Ich stellte fest, dass sie alle die gleichen Schuhe trugen. Ich machte eine höhnische Bemerkung darüber und erzählte ihnen, dass wir in Westdeutschland eine große Auswahl zwischen verschiedensten Stilrichtungen hatten. Ich wollte sie wissen lassen, wie viel besser wir lebten, ohne daran zu denken, wie eifersüchtig und verärgert sie sich deswegen fühlen würden. Das ist wahrscheinlich der Grund, warum mir im folgenden Jahr die Einreise nach Ostdeutschland verweigert wurde. Eine meiner Schulfreundinnen hatte der Stasi Bericht erstattet, dass ich Propaganda für den imperialistischen Westen gemacht hätte.

August 1961

Im jenem Sommer hatte unsere Familie einen Gast aus der Heimat. Rosie war in meinem Alter und die Tochter der besten Freunde meiner Eltern vor dem Krieg. Ihr Vater war irgendwo an der russischen Front getötet worden. Jetzt hatte sie von der ostdeutschen Regierung die Erlaubnis erhalten, drei Wochen bei uns in Hamburg zu verbringen. Als sechzehnjähriger Teenager wurde sie nicht verdächtigt, aus der DDR fliehen zu wollen. Rosie und ich teilten uns mein Zimmer. Wir zeigten ihr Stadt und Land, um ihre Reise unvergesslich zu machen. Nun, sie sollte ihr ganzes Leben umkrempeln.

In der Nacht des 13. August wurde ohne Vorwarnung mit dem Mauerbau zwischen Ost- und Westberlin begonnen, was ein heimliches Überschreiten der Grenze unmöglich machte. Wachen würden auf jeden schießen, der es wagte, sich ihr auch nur zu nähern. Alle waren geschockt. Wie konnten sie uns das antun? Wir werden unsere Verwandten nie wiedersehen! Wir weinten frustriert. Wir fragten uns, wie wir Rosie zu ihrer Familie zurückschicken konnten, wohl wissend, dass es so wäre, als würde man sie in ein Gefängnis schicken. Nach vielen Briefen entschied ihre Familie, dass sie bei uns im Westen bleiben sollte.

Rosie hat eine Ausbildung in der Firma gemacht, für die meine Mutter arbeitete. Wir teilten uns meine Freunde. Oft kamen wir nicht gut miteinander aus, weil ich das Gefühl hatte, dass meine Eltern, insbesondere mein Vater, sie bevorzugt behandelten. Ich war gern ein Einzelkind und ärgerte mich darüber, dass sie so viel Aufmerksamkeit bekam, weil die meisten Menschen Mitleid mit ihr hatten. Eifersucht zu erleben war neu für mich. Ich hatte das Gefühl, dass ich intellektuell nicht den Erwartungen meines Vaters entsprach. Die Dynamik in der Familie wurde komplizierter. Ich zog es vor, viel Zeit mit meinen Freunden und meinem Freund zu verbringen, lange weg zu bleiben, was einige unangenehme Szenen mit meinem Vater nach sich zog.

Maximo

Meine Eltern wurden von unserem Nachbarn in Hamburg, Max Ritz, den wir Maximo nannten, nach Spanien eingeführt. Er sprach Spanisch, weil er vor dem Krieg als junger Mann in Argentinien gelebt hatte. Bei seiner Rückkehr nach Deutschland wurde er in die Armee eingezogen und nach Russland versetzt. Als der Krieg vorbei war, wurde er, wie mein Vater, von den Russen gefangen genommen und nach Archangelsk, weit im bitterkalten Norden der Sowjetunion, geschickt. Er kehrte nach zehn Jahren Sklaverei mit dem letzten Transport von Kriegsgefangenen im Januar 1956 heim. Er und mein Vater hatten dies gemeinsam, aber sonst nichts. Mein Vater war in meinen Augen gebildet, korrekt, fleißig und verklemmt. Maximo war locker, ungeniert, lebenslustig und temperamentvoll. Auf mich wirkte er außerordentlich attraktiv. Er hatte den Hauch eines Mannes von Welt an sich. Ja, ich war heimlich verliebt in ihn! Er erinnerte mich an Anthony Quinn, als er Zorba, den Griechen spielte. Die gleiche, leichtsinnige Liebe zu Frauen und zum Leben. Ich war nicht die Einzige, die auf ihn flog. Ich spürte, wie er auch andere Frauen mit seinem sinnlichen Wesen in den Bann gezogen hatte.

Maximos Frau war gestorben, also war er frei, zu spielen. Wir pflegten unsere platonische Liebe über lange Zeit. Ebendies ließ sie wohl reizvoller als eine echte Affaire sein: Dass sie sich nicht aufbrauchte. Ich glaube, mein Bedürfnis nach der Aufmerksamkeit eines erwachsenen Mannes entsprang dem Mangel eines Vaters, dessen Liebe und Anerkennung ich mir gewiss sein konnte. Maximo hätte das Vertrauen meiner Eltern niemals ausgenutzt. Dafür hatte er zu großen Respekt vor ihnen, daher lag es ihm ferne, aus der Verliebtheit eines Teenagers seinen Vorteil zu schlagen.

Maximo liebte das warme Wetter in Spanien und überredete meinen Vater, dort gemeinsam Urlaub zu machen. Die

Mentalität der Spanier kam dem nahe, was er aus Argentinien kannte. Dass er Spanisch sprach, war hilfreich für meinen Vater, denn nach einigen wenigen Besuchen der Touristenstadt Benidorm beschlossen Vater und Mutter, ein Haus in den Hügeln einer nahegelegenen Stadt zu bauen. Calpe ist ein malerisches Fischerstädtchen nördlich von Alicante. Ihr Wahrzeichen ist ein riesiger Felsen, der in den Ozean ragt - Peñón de Ifach genannt. Maximo übersetzte bei sämtlichen Verhandlungen mit Bauamt und Regierungsbehörden, ebenso wie mit den Architekten und den Bauarbeitern. Als das Haus fertig war, war ihm darin ein eigenes Zimmer für seine Besuche zur Verfügung gestellt. Später lebte er dauerhaft, bis zu seinem Tode, dort. Er liegt auf dem Friedhof von Calpe begraben.

Urlaub in Spanien

Ich erinnere mich an unsere erste Reise nach Spanien im Jahr 1962. Ich war siebzehn Jahre alt. Wir hatten einen kleinen Volkswagen, bepackt mit meinen Eltern, Rosie und mir. Die Reise von Hamburg im Norden Deutschlands bis zur französischen Grenze dauerte einen ganzen Tag. Einen weiteren Tag durch Frankreich bis zur Grenze nach Spanien. Nachdem wir über Nacht an der Costa Brava (wilde Küste) mit ihren steilen Felsen, die zu einem kleinen Kieselstrand abfielen, kampiert hatten, fuhren wir entlang der Ostküste an Barcelona und Valencia vorbei und kamen dann am dritten Tag an der Costa Blanca (weiße Küste) in Benidorm im Las Arenas Hotel an. Die Stadt ist heute ein beliebtes Touristenziel, aber damals war es ein ziemlich ruhiger Ort mit nur wenigen Hochhäusern. Hier sind die Strände breit, mit feinem weißem Sand, aber die Kulisse der schroffen Berge macht es atemberaubend.

Die Bar am Strand war nur einen Block vom Hotel entfernt. Der Besitzer der Bar schenkte Rosie und mir viel Aufmerksamkeit und wir bekamen Getränke spendiert. Ich glaube, sie waren mit ordentlich Schuss versehen, denn ich war so betrunken, dass ich kaum mehr laufen konnte und Hilfe brauchte, um zurück zum Hotel zu gelangen. Meine Beine fühlten sich an wie Wackelpudding. Alles drehte sich. Außer Kontrolle. Es war wohl gut, dass ich nicht alleine war. Rosie half mir, irgendwie ins Bett zu kommen. Ich schämte mich. Mir kam es vor wie das Dümmste, was ich in meinem Leben bis dahin getan hatte.

Am nächsten Morgen ging ich über die Straße, um im Meer zu schwimmen. Zuerst dachte ich, ich sollte einfach zum Horizont hinausschwimmen, bis ich ertrinke. Es würde meinen Eltern dann schrecklich leidtun, mir so ein schlechtes Gefühl wegen meiner Trunkenheit gegeben zu haben. Dann dachte ich, dass es auch ein schlechtes Gefühl wäre, tot zu sein. Wenn ich nur parallel zum Strand schwämme, weit genug, dass meine Eltern mich nicht mehr würden sehen können, dürften sie sich Sorgen machen und mir vielleicht vergeben.

Nach gefühlt recht langer Zeit kroch ich am Strand hoch und ging langsam zurück in Richtung Hotel, in der Erwartung, wie ein im heldenhaft Überlebender begrüßt zu werden - ein geliebtes Familienmitglied. Niemand hatte mich überhaupt vermisst.

Die spanische Villa

La Paloma nannten wir es, „die weiße Taube", jenes Haus auf dem Berg mit gigantischem Blick übers Mittelmeer. Mein Vater kaufte das Land von einem alten spanischen Bauern. Pedro hatte nur noch einen Zahn im Mund, aber er schenkte uns immer, wenn wir ihn auf seiner Finca besuchten, das herzlichste Lächeln. Er und seine Tochter Pepita waren viele Jahre lang unsere Freunde und luden uns zu spanischen Abendessen mit Fisch und eigens angebautem, exotischem Gemüse wie Auberginen und Zucchini, die wir in Deutschland noch nie gesehen hatten, ein. Mein Vater lernte Spanisch und wir versuchten, Gespräche zu führen, aber mein Spanisch war völlig unzureichend, wie ich da so frustriert vor mich hin stammelte. Wenn ich gewusst hätte, dass das Haus dreißig Jahre lang unseres sein würde, hätte ich mir gewiss mehr Mühe gegeben, Spanisch zu lernen. Vater beherrschte die Sprache schon nach kurzer Zeit recht gut.

Das Haus wurde auf felsigem Boden in einem alten Weinberg gebaut. Es hatte zwei Schlafzimmer, ein Wohnzimmer, Küche, Bad, Veranda und eine Terrasse mit Anbau für das Zimmer von Maximo. Eine Weile lang war es das einzige Haus auf dem Hügel. Es dauerte etwa zwanzig Minuten, um zum Strand zu laufen. Im Auto führte die fünfminütige Fahrt über einen holprigen Feldweg. Heute ist „La Paloma" von unzähligen Häusern, alle von Ausländern gebaut, umringt, sodass man kaum mehr den Peñón de Ifach zu sehen vermag.

Jeden Morgen kündigten Glöckchen eine Herde von Ziegen an, die auf dem Feldweg vorbeikamen und dort ihre fruchtbaren Köttel hinterließen. Sie zogen des Wegs, um sich am auf den Obstplantagen wachsenden Unkraut zu verlustieren. Der Ziegenhirte führte sie allabendlich in den Stall zurück.

Eine Lieblingsbeschäftigung meines Vaters war das Sammeln all der schönen exotischen Pflanzen, die in diesem heißen Klima wachsen. Er knipste sich auf Spaziergängen durch die Nachbarschaft, bei welchen er andere Villen und deren Landschaftsgestaltung bewunderte, immer, wenn eine Pflanze in der Nähe des Zauns oder des Bürgersteigs wuchs, ein wenig davon für seinen eigenen Garten ab. Er glaubte, teilen sei eine gute Sache. Im Laufe der Jahre stellte er fest, dass dort in seinem spanischen Garten bestimmte Gemüsesorten hervorragend gediehen, insbesondere Zucchini. Er ließ einfach ein paar Exemplare riesig werden und war ganz stolz darauf, seine Ernte mit den Nachbarn teilen zu können...

Wir hatten einen Kaktus neben dem Haus, der so hoch wuchs, dass er an der Wand befestigt werden musste. Er ragte tatsächlich bis über das Dach. Sein Name war „Königin der Nacht". Er blühte nur einmal im Jahr, und das nur eine Nacht lang. Wir blieben wach, um diesen Anlass zu feiern, und wir fotografierten die ein oder zwei spektakulären Blüten.

Die Abende in diesem milden Klima sind romantisch und wie gemacht dafür, sie mit guten Freunden zu teilen. Da die Nachbarschaft um uns wie Pilze aus dem Boden schoss, wurden bald neue Freundschaften geschlossen. Natürlich Deutsche, aber auch Briten, Holländer, Schweizer, Franzosen und sogar Weißrussen von der Krim. Ein Hobby meines Vaters war das Mitschneiden von Musik auf Kassetten. Sein Lieblingsstück war „Der Gefangenenchor" aus Verdis Oper *Nabucco*. So ein Abendprogramm bestand aus jeder Menge eingängiger Lieder, zu denen wir tanzen konnten. Trompetenkonzerte erklangen über dem Hang. Eine meiner Lieblingserinnerungen ist es, wie Vater mit meiner Mutter tanzt. Im alten Stil, versteht sich. Sehr aufrecht und mit herausgestrecktem Po. Natürlich tanzte er auch gern mit allen anderen geladenen Damen. Jene Feste und geselligen Zusammenkünfte mit köstlichem Essen, Gesang und Tanz wurden von allen Menschen erwidert, die dort Häuser besaßen. Jeder Geburtstag musste gefeiert werden. Jeder Neuankömmling, der für einige Zeit in sein Heimatland verreist war, gab Anlass für eine Willkommensparty.

Während der ersten Jahre, in denen wir das Haus besaßen, konnten es meine Eltern nur zweimal im Jahr für einen vierzehntägigen Urlaub nutzen. Nach ihrer Pensionierung verbrachten sie jeweils zwei oder drei Monate dort, insbesondere den Winter. Die körperliche Gartenarbeit und die vielen Möglichkeiten, bei Tagesausflügen mit Freunden in den Bergen spazieren zu gehen, hielten meinen Vater in sehr guter Verfassung. Er blühte buchstäblich auf unter der Hitze der spanischen Sonne. Er begann wieder, Aquarelle zu malen und schuf wunderschöne Landschaften. Mit achtzig Jahren konnte er immer noch auf einen Baum klettern, um seinem Nachbarn beim Absägen eines Astes behilflich zu sein.

Au-pair in London

Es war für deutsche Mädchen üblich, ihr Englisch zu verbessern, indem sie bei einer Familie in England lebten und dort als Au Pair arbeiteten. 1963, mit neunzehn Jahren, nahm ich den Zug nach Hoek van Holland, um von da aus mit dem Schiff nach Harwich in England zu gelangen.

Mr. Evans holte mich am Bahnhof in London ab. Garret und Anne Evans waren ein hübsches Paar mit zwei kleinen Kindern, Jane (4) und Mark (3). Meine Arbeit umfasste die Reinigung des Hauses (mindestens einen Raum jeden Tag gründlich). Wenn das Paar einkaufen oder abends ausgehen wollte, musste ich die Kinder hüten. An einem Tag in der Woche hatte ich eine Sprachschule zu besuchen, um mein Lower Cambridge-Zertifikat in Englisch zu erhalten. An dieser Schule habe ich junge Leute aus vielen Ländern getroffen. Gemeinsam mit anderen deutschen Mädchen erkundete ich London und erfuhr etwas über seine Geschichte und Kultur.

Die körperliche Arbeit machte mich hungrig. Im Haus der Evans schien alles in Bezug auf Essen gezählt zu werden. Ich durfte zwei Kekse mit Tee in einer Pause am Morgen essen. Drei Kekse wären ein Indiz für Unterklassenniveau gewesen. Ich aß mit dem Paar zu Abend. Anne wählte vier kleine Kartoffeln, eine für jeden Erwachsenen und die Vierte für ihren Ehemann zum Nachholen. Einmal, als meine Eltern zu Besuch kamen, nahm sich mein Vater drei Kartoffeln. Ich lachte in mich hinein, als ich den verlegenen Ausdruck auf Annes Gesicht bemerkte, weil das bedeutete, dass nicht genug für alle da war. Ich bin mir auch sicher, dass die Evans davon ausgegangen sind, dass ich aus der Unterschicht stammte, weil ich für sie arbeitete.

In der Speisekammer befand sich ein großer Hanfsack mit Rosenkohl, vielleicht 20 Pfund oder so. Natürlich nicht gezählt. Dies war mein Ziel in der Nacht. Nachdem sich das

Paar in seinem Schlafzimmer niedergelassen hatte, schlich ich mich hinunter, putzte eine Handvoll Röschen und aß sie roh im Bett. Als Anne mich später in Amerika besuchte, gestand ich es ihr und sie sagte mir, dass sie es wohl geahnt hatte.

Mein Gehalt betrug zwei englische Pfund pro Woche. Dies entsprach in etwa zehn Dollar und musste für alle meine Ausflüge nach London mit der U-Bahn und all meine weiteren Unternehmungen reichen. Da blieb kaum etwas übrig für Schweinefleischpastetchen mit Senf, in die ich mich hätte reinlegen können!

Die Kinder waren eine große Hilfe, um mir Englisch beizubringen. Kinder korrigieren die Aussprache, wo Erwachsene dies möglicherweise nicht tun. Ich las ihnen gern vor.

Bald hatte ich einen englischen Freund, der einen Bowlerhut trug, um mit dem Zug zu seiner Anwaltskanzlei zu fahren. Am Wochenende fuhren wir mit seinem kleinen MGB Cabriolet über die Hügel. Ich bekam genug zu essen, wenn ich mit ihm seine Familie besuchte. Wir gingen in Pubs, zu Bootsrennen in Hanley an der Themse, zu Pferderennen in Epson Downes, zur Universität Cambridge und vielen schönen Orten auf dem Land. Ich freute mich, mehr Engländer kennenzulernen. Sie schienen so manierlich, korrekt und sich des Status ihrer Herkunft bewusst. Mit einem Titel konntest du sie beeindrucken. Deutsche hingegen fliegen auf deinen akademischen Grad.

Ankunft in Amerika

Im Zuge der Hochzeit der Schwester meines Freundes, wo ich half, die Gäste zu bedienen, fragte mich eine schöne, englische Dame nach meinen Zukunftsplänen. Ich wollte noch nicht zurück nach Deutschland. Ich sagte, ich wolle vielleicht nach Frankreich oder Spanien gehen, um die jeweilige Sprache zu lernen. Mrs. Godley erzählte mir, dass sie Flugbegleiterin bei Trans World Airlines gewesen war und nun nach Auszubildenden suchte. In der nächsten Woche würden die Trainer aus Amerika kommen, um einige junge Frauen für den Job zu interviewen. Sie meinte, es gebe nichts besseres, die Welt zu sehen und noch dafür bezahlt zu werden.

„Ich kann keine Stewardess sein, ich habe nie darüber nachgedacht. Ich bin nur 1,55m groß." „Kein Problem", sagte sie. „TWA nimmt kleinere Mädchen als die Lufthansa."

Das Vorstellungsgespräch lief gut. Den Männern gefiel es, dass ich bereits von zu Hause weggegangen war und sowohl Deutsch, als auch etwas Spanisch sprach.

Sechs Monate nachdem ich eine Green Card und eine Arbeitserlaubnis beantragt hatte, schickte mir TWA ein Ticket von London über New York weiter nach Kansas City zur Ausbildung. Als ich nach Hamburg zurückkehrte, um mich von meinen Eltern und Freunden zu verabschieden, war mir, als hätt ich die Welt umarmen können! Die angespannte Beziehung zu meinem Vater war plötzlich nicht mehr von Bedeutung. Nun hatte ich mir seinen Respekt verdient, weil ich es gewagt hatte, mich unabhängig zu machen. Beide Elternteile freuten sich für mich und machten mir Mut.

Bald saß ich in einer Boeing 707 und raste über den Asphalt in London, um prompt in die neue Welt zu fliegen. Ich war wie berauscht. Als ich am John-F.-Kennedy-Flughafen in New York versuchte, die Ausgangstür aufzuschieben, fiel ich hindurch, weil sie sich automatisch vor mir öffnete. Ich hatte so etwas noch nie gesehen!

In Kansas City, im Ausbildungszentrum, wurde mir gesagt, ich sei zu klein für den Job. Der Grund für die Höhenanforderung war, dass sich die Notrutschen in den Decken befanden. Ich musste in der Lage sein, die Bänder zu erreichen und die Rutschen zu ergreifen, sie auf den Boden zu ziehen und sie anzuschließen. Ich trug meine Schuhe mit 7 cm hohen Absätzen, um zu demonstrieren, dass ich es schaffen konnte, aber sie ließen mich sie ausziehen. Jetzt setzte bei mir Adrenalin ein. Ich bin mit aller Kraft gesprungen – und habe es geschafft! Sie ließen mich mit der Ausbildung fortfahren. Die Scham darüber, nach Amerika gegangen zu sein und in der nächsten Woche nach Hause geschickt zu werden, wäre unerträglich gewesen.

Eine weitere Hürde bestand darin, die Namen aller Bundesstaaten, ihren Standort und die Codenamen aller von TWA bedienten Flughäfen zu lernen. Ich hatte von New York, Kalifornien und Texas gehört, aber die meisten Staaten waren mir unbekannt. Eine smarte unter den Lehrerinnen empfahl mir, sie zu lernen, indem ich die USA in drei Bereiche aufteilte, was hilfreich war. Ich graduierte nach sechs Wochen Ausbildung im Juni 1966, mit einundzwanzig Jahren.

Meine Basis war in New York, von wo aus ich internationale Flüge nach Europa begleitete. Als ich in Manhattan lebte, schleppte ich meinen kleinen Koffer (mein Crew-Kit) im Bus zum Terminal der East Side und von dort im Zubringerbus zum TWA-Hänger am JFK-Flughafen. Mochte es Tag oder Nacht gewesen sein. Da ich jung und gutgläubig war, hatte ich nie Angst, gleichwohl meine deutschen Verwandten mich vor all den schrecklichen Dingen gewarnt hatten, die ihnen über New York zu Ohren gekommen waren.

Im Januar 1967 bekam ich nach achtmonatiger Arbeit freie Flugwahl für den Urlaub. Ich entschied mich für Chicago,

Los Angeles, San Francisco und Hawaii. Ich schloss mich mit einer anderen, reiseerfahrenen Flugbegleiterin zusammen und wir hatten eine wundervolle Zeit. Auf dem Weg von Los Angeles nach San Francisco saß ich neben einem älteren Herrn, der ein Gespräch begann. Er erzählte mir, er sei auf dem Weg nach Sacramento, um an Gouverneur Reagans Antrittsball teilzunehmen. Als er herausfand, dass ich keine Ahnung hatte, wer das war, konnte er es kaum glauben. Er lud mich ein, ihn zum Ball zu begleiten. Ich fragte meine Freundin, was ich tun sollte. Sie sagte, der schmutzige alte Mann habe nur versucht, Eindruck bei mir zu schinden und Sacramento sei eine Kuhstadt in der Wüste. Das ist heute noch lustig für mich, weil es der Ort ist, an dem ich seit nunmehr dreißig Jahren lebe. Der Herr war Bürgermeister von Long Beach, Kalifornien, namens Bill McCann. Wir blieben einige Zeit in Kontakt, weil er herausfand, dass meine Eltern mich bald besuchen würden, und er arrangierte, dass sie bei Deutschen in Los Angeles bleiben konnten, die sie auch zur Rose Bowl Parade mitnahmen. Möglicherweise wär ich ja mit ihm gegangen – wenn ich zufällig ein Ballkleid im Gepäck gehabt hätte.

Im Laufe der Jahre konnte ich meine Eltern ziemlich oft sehen, da ich niedrigere Reisetarife hatte. Ich war so stolz, ihnen reduzierte Flüge verschaffen zu können. Am Flughafen New York angekommen, sind sie per Hubschrauber, von dem aus ganz Manhattan zu sehen war, weitergeflogen, um auf dem Pan-American-Airlines Gebäude zu landen. Später konnten sie sogar eine Weltreise machen!

Raus aus dem Dschungel

Eines Sonntagmorgens lernte ich im Central Park einen Mann kennen. Er war nicht gutaussehend, aber beharrlich und interessant. Leon Feinblatt war Jude russischer Abstammung. Er war Psychotherapeut und ein sehr guter Klavierspieler. Rachmaninoffs Klavierkonzert Nr. 2 hat mich beeindruckt. Zu Shows und Abendessen zu gehen hat mir gefallen – auch, dass er zehn Jahre älter war als ich.

Gemeinsam nach Japan, Hongkong und Singapur zu reisen war grandios. Er konnte es sich leisten, für sich selbst zu zahlen, während ich bei den Fluggesellschaften zu ermäßigten Preisen flog. Als nächstes kam Florida, dann die Karibischen Inseln. Wir waren in Afrika und besuchten Uganda, während Idi Amin dort Herrscher war, und wir machten eine Reise auf dem Nil, um Krokodile zu sehen. Dann ging es nach Nairobi in Kenia mit einer Safari zum Ngorongoro-Krater, wo die Tiere frei leben, aber nicht aus dem steilen Hang des ehemaligen Vulkans herauskommen können, und wir sahen Maasai Mara, ein wunderschönes Wildreservat.

Wir hielten in Addis Abeba, Äthiopien, an und stiegen ungeplant im letzten Moment in Kairo, Ägypten, aus, nur, weil das Flugzeug dort anhielt. Was für ein Fehler! Wir hatten kein Visum. Das Flugzeug war weg und irgendwie ließen sie uns nach Stunden voller Einschüchterungsversuche bleiben. Ich denke, sie haben es uns so schwergemacht, weil Lee recht jüdisch klang und auch aussah. Es war 1969. Der Krieg mit Israel rumorte. Da wir dachten, wir würden in einem amerikanischen Hotel besser behandelt, entschieden wir uns für das Hilton. Abermals gerieten wir in Schwierigkeiten, weil wir über keine Heiratsurkunde verfügten. Wir mussten in getrennten Zimmern schlafen. Sie kamen tatsächlich vorbei, um zu kontrollieren, ob wir uns daran hielten. Das nächste Flugzeug, das uns abholen konnte, kam erst eine Woche später. Wir machten die üblichen touristischen Ausflüge, gingen ins Museum zur Ausstellung über Pharao Tut, sahen die Pyramiden, ritten auf einem Kamel, nahmen an der Nilkreuzfahrt teil, aber wir fühlten uns so unwillkommen, dass wir es kaum erwarten konnten, das Weite zu suchen.

Ich nahm Lee mit nach Hamburg, um ihn meinen Eltern vorzustellen. Sie akzeptierten ihn als meinen Freund, aber ich bin mir ziemlich sicher, dass der Altersunterschied sie gestört hat. Ich habe seine Eltern nie getroffen, weil er ihnen irgendwas nachtrug. Mir wurde klar, dass er viel zu kompliziert war, um ein möglicher Partner fürs Leben zu sein.

Nachdem ich vier Jahre in Manhattan gelebt hatte, vermisste ich eine echte Landschaft mit Bäumen und Gärten. Der Lärm und der Verkehr gingen mir auf die Nerven. Natürlich war es eine gravierende Entscheidung, die Reisen nach Frankfurt, Paris, Rom, Madrid, Athen und London aufzugeben. Ich beantragte einen Standortwechsel, und so landete ich in San Francisco – und zwar genau an dem Tag, als die gute Janice Joplin starb, jenem 4. Oktober 1970.

Ich fand eine Mitbewohnerin und eine Wohnung in Foster City. Wir mieteten sie möbliert, weil wir nichts besaßen. Es ist so einfach, umzuziehen, wenn man nur einen Koffer hat. Als ich meine eigene Wohnung hatte, kaufte ich ein Bett und weinte, weil ich mich schrecklich sesshaft geworden fühlte.

TWA flog Militärcharter von der Travis Air Force Base nach Vietnam. Eine Zeit lang meldete ich mich freiwillig, um bei diesen Flügen zu arbeiten. Wir hatten Zwischenstopps in Hawaii, Okinawa und Guam. Wir brachten sehr junge Soldaten zur Bien Hoa Airforce Base in Südvietnam. Wir Stewardessen flirteten die ganze Strecke über mit den Jungs, und sie genossen es. Einmal konnte ich kurz vor der Landung im Cockpit sitzen und die Nachricht vernehmen: „Bodenfeuer auf 11 Uhr." Wir machten kehrt, um dem zu entkommen. In dem Moment wurde mir klar, warum wir Gefechtszuschlag bekamen.

Ich bin sicher, einige der Jungen sind in Särgen im Bauch des Flugzeugs heimgekehrt. Auf dem Rückflug haben wir tatsächlich einige Särge abgeholt, um sie nach Hause zu bringen. Schmerzhafte Tränen wurden vergossen, als wir an ihre Jugend und ihren Dienst für unser Land dachten. Wozu das alles? Ich stellte mit Erschrecken fest, wie viele dieser Jungs schwarz waren.

Stadt an der Bucht

Ich liebe San Francisco. Die beste Stadt im besten Staat im besten Land der Welt!

Ich liebte mein Leben. Inlandsflüge zu fliegen war körperlich einfacher, Flugbegleiter empfand ich als kultivierte und intelligente Menschen und ich fand viele Freunde. Ich hatte genug freie Zeit, um Kunstkurse am San Mateo College zu besuchen. In dieser Klasse traf ich Esther, eine junge Ungarin. Ihre Mutter lud mich zu all ihren Familienfeiern ein. Esthers Schwester Julie heiratete und ich wurde zur Hochzeit eingeladen. Diese wurde im traditionellen Stil gehalten, mit alten und jungen Leuten, die in Trachten ihrer Vorfahren gekleidet waren. Wir tanzten und hatten eine wundervolle Zeit! Dank der Verbindung zu dieser Familie habe ich mich in der Küstenregion schnell wie zu Hause gefühlt.

Ich konnte immer noch billig um die Welt reisen. Ich machte Urlaub allein in Machu Pichu in Peru und nahm von dort einen Bus mit Hühnern unter den Sitzen nach La Paz, Bolivien. Immerzu traf ich Leute, an die ich mich beim Reisen dranhängen konnte.

Mit 29 Jahren heiratete ich schließlich. Craig Collins war stellvertretender Bezirksstaatsanwalt in San Mateo, ein süßer schwarzhaariger, gutaussehender Mann mit durchdringenden schwarzen Augen und lebensfrohem Gemüt. Bevor wir heirateten, traten wir, nur um zu sehen, ob wir zueinander passten, unsere erste Reise nach Athen an und verbrachten zunächst einige Zeit auf den griechischen Inseln. Dann fuhren wir die Küste Jugoslawiens hinauf, durch Italien und Frankreich nach Spanien, wo wir meine Eltern in ihrem Ferienhaus besuchten. Sie waren froh, dass ich mich endlich niederlassen wollte. Craigs Eltern hatten es sich zur Gewohnheit gemacht, jeden Sommer ein großes Haus in einer exklusiven Gegend zu mieten, damit sie Zeit mit ihren fünf Kindern verbringen konnten. Wir beschlossen, bei einem dieser Familientreffen in Petrovsky am Michigansee auf einem Golfplatz zu heiraten. Meine Eltern kamen und trafen alle zum ersten Mal.

In den nächsten zehn Jahre kauften wir ein Bürogebäude für Craigs Anwaltskanzlei und bauten uns dann ein Haus auf der Halbinsel. Die Anzahlungen wurden hauptsächlich von meinen Eltern geliehen. Wir renovierten ein hundert Jahre altes Blockhaus in Hillsborough, einer Stadt in der Nähe des Flughafens von San Francisco, in einem gehobenen Viertel. Es war eine große Herausforderung. Das Dach musste abgenommen werden, da nach neuen Baunormen die Stützbalken näher beieinanderliegen mussten. Während dieser Zeit haben meine Eltern uns besucht. Ich schämte mich in Grund und Boden, als sie diesen Ort, für den sie ja Geld gesendet hatten, zu Gesicht bekamen. Die alten Dachziegel lagen rund um das Haus. Ich erinnere mich, wie meine Mutter mit einer Schubkarre jede Menge davon zu einem Müllplatz beförderte. Mein Vater sagte, er habe Blockhäuser in Russland in besserem Zustand gesehen.

Ich machte die Erfahrung, wie es sich anfühlt, in einer Depression zu stecken. Finsternis hing über mir, und ich konnte keine Entscheidungen treffen, geschweige denn normal denken. Dies überwältigende Unglücklichsein ließ sich nicht abschütteln, bis meine Eltern abfuhren. Irgendwann war unser Heim endlich renoviert. Es wurde ein beachtliches Haus, auf das ich stolz sein konnte, mit einem wunderschönen Garten, der an ein Bächlein und einen alten Eichenhain grenzte.

Craig war sehr ehrgeizig. Er erkannte, dass der Kauf, die Reparatur und die Vermietung von Häusern ein guter Weg war, um Geld zu verdienen. Wir verbrachten den größten Teil unserer Freizeit damit, heruntergekommene, kleine Häuser zu spachteln, zu streichen und zu reparieren. Unser Notgroschen wuchs, aber unsere Beziehung gedieh nicht wirklich. Ein Problem war, dass ich nach mehreren Fehlgeburten keine erfolgreiche Schwangerschaft haben konnte. Außerdem teilte ich auch die Bestrebungen meines Mannes nach immer mehr Geld nicht.

Wir hielten uns beschäftigt und abgelenkt auf Reisen nach Italien, um seine Schwester Bardee in Florenz zu besuchen. Ferner gab es Familientreffen in Neuengland und Guatemala, Reisen nach Tahiti, China und nach Rio de Janeiro. Die Mädchen von Ipanema hatten die kleinsten Bikinis, die wir je sahen. Die meisten von Craigs Fotos waren Nahaufnahmen davon. Nach zehn Jahren gestand er, dass er dachte, wir seien lange genug verheiratet, und er bereit für neue Beziehungen sei. Der folgende Schritt war dann die Scheidung.

Fünfunddreißig Jahre sind vergangen und ich erzähle meine Geschichte. Ich habe diesen Teil bis zuletzt ausgelassen, weil mir nichts einfiel, was ich über meine zehnjährige Ehe hätte sagen sollen. Mir ist klar, dass ich meine Wut und Enttäuschung verdrängt habe, damit ich weiter vorwärtsgehen konnte. Es war eine Erleichterung, nicht weiter darüber nachdenken zu müssen, was ich sonst noch hätte tun können, um Craig glücklich zu machen. Mit der Zeit vergab ich ihm für den Schmerz, den ich seinetwegen hatte empfinden müssen.

Mit meinem neuen Ehemann bin ich besser viel dran. Von ihm fühle ich mich geliebt und wirklich angenommen.

Unglück

Mein Ehemann Craig (jetzt Ex-Ehemann) und ich machten im Jahr 1981 eine Reise nach Hongkong und China. Die arrangierte Tour im chinesischen Festland wurde geführt, da es zu dieser Zeit sehr schwierig war, dort selbständig Ausflüge zu unternehmen. Die Erfahrung war beeindruckend, da es noch nicht lange her war, dass sie das Land für Besucher geöffnet hatten. Wir waren für das chinesische Volk ebenso eine Neuheit wie sie für uns. Unsere farbenfrohen Kleidungsstücke stachen hervor und die Menschen drängten sich um uns herum und folgten uns sogar einmal in ein Kaufhaus. Die Polizei wurde gerufen, um sie wegzujagen. Sie warteten draußen auf uns und folgten uns mit einigen jungen Studenten, die etwas Englisch sprachen, und sie stellten viele Fragen.

Unsere Tour beinhaltete auch das Zuschauen bei der Entstehung von Gemälden, Schnitzereien, Teppichweberei, Schmuckherstellung und allen traditionellen Kunstwerken der chinesischen Kultur durch die lokalen Künstler. Hunderte von Menschen arbeiteten in einem Palast an ihrem Handwerk, einem ehemaligen Herrenhaus, das jetzt für die „Arbeiter" zurückerobert worden war. Wir hörten auch glücklichen kleinen Kindern zu, die für uns mit großer Begeisterung sangen.

Eines Tages trafen wir auf einen prächtigen Buddha aus weißer Jade, wahrscheinlich etwa dreißig Meter hoch. Es war verboten, ein Foto davon zu machen, weil es Unglück bringen würde. Ich tat es trotzdem.

Bei meiner Rückkehr nach Kalifornien erhielt ich einen Anruf von meinem Vater: „Deine Mutter hat Eierstockkrebs. Du musst nach Hause kommen und dich um sie kümmern. Ich muss nach Spanien gehen, um den Garten zu bewässern und das Haus zu pflegen." Nach einer Operation, Bestrahlung und Zeit in der Reha konnte meine Mutter mich in Kalifornien besuchen. Wir machten gemeinsam einen

Ausflug entlang der Küste nach Mendocino, durch Oregon und dann weiter nach Seattle und Vancouver.

Wir hatten viele vertraute Gespräche. Ich erkannte die Wut und Eifersucht, die sie gegenüber meinem Vater empfand. Wir waren beide sehr wütend, dass er die schockierende Entscheidung getroffen hatte, nach Spanien zu gehen, um seinen Garten zu gießen, anstatt in dieser schrecklichen Zeit bei ihr zu sein. Noch abscheulicher war, dass er zwei Frauen, ehemalige Kollegen, mitnahm. Worum also ging es? Die Eifersucht war ein langanhaltender Schmerz, den sie jahrelang unterdrückt hatte, wie meine Mutter mir anvertraute. Es begann, als mein Vater aus Russland nach Hause kam. Sie hatten in einem Hotel gewohnt, das ein Treffpunkt für andere zurückkehrende Kriegsgefangene war, darunter auch Frauen. Meine Mutter war nachts aufgewacht, aber mein Vater war nicht im Bett. Sie schaute aus der Tür und sah ihn aus einem anderen Raum den Flur herunterkommen. Ich erinnere mich nicht, wie er es ihr erklärte, aber ich weiß, dass sie ihm nie vergeben hat. Sie fand auch einen Liebesbrief an ihn von einer Frau, die er später bei einer Reha-Maßnahme kennengelernt hatte, als er im Ruhestand war. Ich habe mich oft gefragt, ob die Krebserkrankung meiner Mutter etwas damit zu tun hatte, dass sie von Verbitterung aufgefressen wurde. Ich gab ihm die Schuld, aber ich habe nie mit ihm darüber gesprochen, dass sie mir diese Dinge erzählt hat.

Meine Mutter starb ein Jahr später im Januar 1982 im Alter von zweiundsechzig Jahren. Ihre Lieblingsrosen waren gelb. Ich kaufe einige für sie und mich an jedem Geburtstag, den sie seitdem verpasst hat. Im Jahr 2020 wäre sie 100 gewesen. Daran zu denken, dass ich sie vierzig Jahre vermisse und sie die Hälfte meines Lebens nicht erleben konnte, macht mich traurig. Ich kann immer noch ihre Liebe fühlen und weiß, wie sie bei dem, was ich tue, fühlen würde. Sie wäre glücklich bei alledem. Das tröstet mich.
Ich habe mehrere Jahre gebraucht, um meinem Vater zu vergeben. Heute denke ich, dass er es nicht hatte ertragen können, meine Mutter zu verlieren, und er versuchte, sich

abzulenken, indem er ihren Tod verdrängte. Erst, als er mir die Geschichten seines Lebens in Russland, von seine Nöten und seinem Überlebenskampf erzählte, konnte ich ihn als echten Menschen betrachten und mein Urteil über ihn ruhen lassen.

Der große Bruder

Nachdem ich achtzehn Jahre als Flugbegleiterin für Trans World Airlines gearbeitet hatte, fühlte ich mich fest mit dem Job verbunden. Gutes Einkommen, bezahlter Urlaub, Krankenversicherung sowie kostenlose und reduzierte Flüge machten es schwierig, sich für eine Kündigung zu entscheiden. Die Firma war für mich wie ein großer Bruder, der mir geholfen hatte, aus Deutschland einzuwandern und alle nötigen Papiere zu bekommen.

Ich arbeitete wie gewohnt, aber mein Kopf war nicht bei der Sache. Ich hasste es, das Haus zu verlassen. Ich fühlte, wie meine zehnjährige Beziehung zu meinem Ehemann auseinanderfiel. Gleichzeitig kaufte Carl Icahn (bekannt als der Corporate Raider) TWA und nahm einige drastische Änderungen vor. Er wollte unser Gehalt um 40 Prozent senken. Wir waren entsetzt und beschlossen, in den Streik zu treten. Nach drei Monaten stellten wir fest, dass die Fluggesellschaft mit jungen Mitarbeitern, die eifrig für niedrige Löhne arbeiteten und sich unserer Notlage nicht bewusst waren, gut genug funktionierte. In der Lage zu sein, einfach eine Uniform anzuziehen und in der Welt herumzufliegen, ist eine ziemlich romantische Idee. Sie hatten nicht unser Dienstalter, die Firma schuldete ihnen weder bezahlten Urlaub noch Krankengeld. Also gaben wir den Streik auf. Laut Gesetz konnte das Unternehmen die Neueinstellungen jedenfalls behalten und nahm nur 125 von uns Alteingesessenen zurück. In den nächsten zwei Jahren stellten sie in einem zermürbenden Prozess alle wieder ein, die den Job immer noch wollten. Nach achtzehn Dienstjahren brauchte ich ein Jahr und drei Monate, um wieder auf die Lohnliste zu kommen.
Das war 1984. Ich war vierzig Jahre alt. Mein Herz hing nicht mehr an diesem Job. Die Flugzeuge wurden immer größer, der Service schnell und stressig sowie weniger persönlich. Das Klima zwischen Streikenden und Neueinstellungen war unangenehm, und einige ehemalige Streikende zeigten

ihren Hass auf das Management, indem sie Porzellangeschirr in den Müll warfen.

Mein Standort, San Francisco, wurde geschlossen. Ich wurde nach New York versetzt, um bei internationalen Flügen nach Europa zu arbeiten. Weil ich nicht einfach so umziehen konnte und ein Haus in der Nähe des Flughafens San Francisco hatte, flog ich also vor jedem Flug selbst erst nach New York. Dies bedeutete, dass ich in San Francisco in der Hoffnung auf einen freien Flug bereitstehen musste, für den Fall, dass am frühen Morgen ein Sitzplatz verfügbar wäre, damit ich in dieser Nacht meinen zugewiesenen Arbeitsflug nach Übersee machen konnte. Es war nervenaufreibend, sich so viele Sorgen zu machen und anstrengend, die Nacht durchzuarbeiten. Wenn ich aus Europa kommend auf dem JFK-Flughafen landete, konnte es passieren, dass ich keinen Anschlussflug nach Hause bekam und dort oder irgendwo dazwischen feststeckte. Das Schlafen in einer Crew-Lounge auf Lehnstühlen war ich alsbald leid. Manchmal weinte ich frustriert.

Die Kraft der Vorstellung

Während des Streiks der Flugbegleiter bei TWA hatte ich Zeit, über mein Leben nachzudenken und nach neuen Inspirationen zu suchen. Ich hatte mich mit Jan Jones und Judy Provance angefreundet, zwei Kolleginnen, die regelmäßig zum Green Gulch Buddhist Center im Mill Valley gingen. Ich kam sonntags da hin und entdeckte die Dharma-Gespräche auf den Zusammenkünften. Plötzlich wurde ich davon sehr angezogen, weil ich nachvollziehen konnte, was sie über den Sinn des Lebens sprachen. Für mich war es schlüssiger als jeder Gottesdienst. Auch hatte ich das Gefühl, mehr mit den Menschen in diesen Gruppen gemeinsam zu haben, als mit meinen Kollegen.

Jan und Judy beschlossen, eine buddhistische Nonne zu einem Meditationstag in ihr Haus einzuladen. Sie luden auch zehn ihrer Freunde für einen Tag ein, an dem über die Möglichkeiten eines Lebens nach TWA nachgedacht wurde. Konnten wir dies als Chance betrachten, unser Leben zu verändern? Konnte der Verlust des Arbeitsplatzes zu einem guten Ausgang führen?

Nach allerhand Gesprächen und Spaziergängen und Meditation im Sitzen war es unsere letzte Übung, ein Bild von unserem perfekten Tag zu zeichnen. Ich zeichnete mich, wie ich in einem Kreis von Kindern sitze, einen Globus in der Hand haltend, und ihnen von der Welt erzähle.

Am nächsten Tag erzählte ich Terri Friedlander am Streikposten von dieser Erfahrung. Sie sagte, dass ihre Kinder in eine Montessori-Vorschule gingen, der Direktor sehr nett sei und mich wahrscheinlich dort hospitieren lassen würde. Am nächsten Tag rief ich an und durfte die Schule sehen. Er suchte zufällig Aushilfe und stellte mich ein.

Ich war fasziniert von allem, was vor sich ging. Die Lehrer waren unglaublich, die Kinder so offen und liebevoll. Die Atmosphäre war förderlich, um das Beste aus jedem heraus zu holen. Dort wollte ich sein.

Ich erkannte sehr bald, dass es viel zu lernen gab, um den Montessori-Materialien gerecht zu werden und auf eine Weise zu lehren, die den Kindern am meisten dient. Der Direktor Jim Phillips ermutigte mich, die Montessori-Lehrerausbildung zu absolvieren, die ein Jahr dauerte, während ich Praktikantin an der Schule war. Wir hatten acht Lehrer und achtundvierzig Kinder. Jeder Lehrer hatte unterschiedliche Begabungen und ich lernte liebend gern von ihnen. Jeder Tag war ein aufregendes neues Abenteuer und eine Herausforderung.

Als ich nach einem Jahr und drei Monaten den Job bei TWA zurückbekam, hatte ich mein Montessori-Zeugnis und kündigte bei der Fluggesellschaft. Ich wollte geerdet und verbunden leben.

Seither habe ich, die letzten fünfundzwanzig Jahre also, mit Kindern gearbeitet. Ich fühlte, dass ich das tue, wofür mein Leben bestimmt ist. Mit meiner eigenen Montessori-Schule begegnete ich vielen Herausforderungen, die es mir ermöglichten, kreativ zu sein und all meine Talente einzusetzen, von denen ich bei vielen gar nicht wusste, dass ich sie habe.

Ich glaube, dass die Vorstellung meines perfekten Tages mich für das Universum geöffnet hat, damit es mir alles geben konnte, was ich brauchte, um ihn wahr werden zu lassen. Es gibt da draußen eine Kraft, die dir hilft, deine Bestimmung zu erfüllen, sobald sie dir klargeworden ist. Außerdem hat es mir gezeigt, dass dir Dinge, die du erst als Problem und Herausforderung wahrgenommen hast, am Ende zum Besten dienen können.

Scheidung

Ein Haus mit einer Hypothek war das, womit ich endete, als Craig und ich die Scheidung einreichten. Es ist erstaunlich, wie sich das Blatt wenden kann, wenn zwei Menschen, die sich liebten, egoistisch und selbstgerecht bei der Trennung von Haushalt und Eigentum werden. Bei der Scheidung von einem Anwalt hatte ich das Gefühl, dass ich wahrscheinlich den Kürzeren ziehen würde. Ein anderer Anwalt und Freund half uns, das große Ganze zu sehen, und wir konnten uns einvernehmlich trennen. Wir stellten fest, dass es für niemanden etwas zu gewinnen gab und jeder Ärger reine Zeitverschwendung war.

Das romantische hundertjährige Blockhaus landete auf meiner Haben-Seite. Es war so mühsam, alles zu reparieren. Regen sickerte in die Küchenleuchten. Bienen bauten ihren Bienenstock unter den Blöcken. Bohrkäfer befielen die Balken aus Rotholz, was mich dazu brachte, Insektizide zu sprühen. Ich setzte zum Schutz einen Motorradhelm mit Visier auf, atmete aber dennoch die Dämpfe ein. Ich konnte hören, wie die Käfer in meinem Haus knabbern.

Das war auch während der Zeit, als ich wegen des TWA-Streiks arbeitslos war. Um Hilfe bei der Abzahlung der Hypothek zu bekommen, suchte ich einen Mitbewohner. Eine sehr attraktive Frau, Kathleen, zog bei mir ein. Sie befand sich ebenfalls in Scheidung. Sie hatte interessante Strategien, sich einen neuen Mann zu angeln und landete schließlich bei einem gutaussehenden Piloten. Ich sah mich nach einem handwerklich begabten Mann als weiterer Mitbewohner um, der mir helfen könnte, das Haus zu reparieren. Sie empfahl mir Tom, einen Mann, der vorübergehend eine Wohnung von ihr und ihrem Ex-Mann mietete. Tom ließ sich ebenfalls scheiden. Sie sagte, er sei der beste Mieter, weil er alles reparieren könne, was der Instandhaltung bedürfe.

Beim Blind Date mit Tom fand ich heraus, dass er Finanzberater war, was ebenso würde hilfreich sein können, da ich mich um einige Investitionen meines Vaters in den USA kümmerte. Mein Vater hatte jahrelang befürchtet, dass Westdeutschland auch kommunistisch werden könnte, und wollte sich für diesen Fall Rücklagen schaffen, um auswandern zu können. Tom lud mich zum Abendessen ein und dann zum Tanzen, was wir beide sehr genossen. Da wir beide klein waren, hat der Country-Swing viel Spaß gemacht. Ich mit meinen neununddreißig und Tom mit seinen vierundvierzig Jahren waren voller Energie. Zu meinem vierzigsten Geburtstag lud er mich nach Calistoga zu einem Schlammbad und danach auf einen Segelflug über das wunderschöne Napa Valley und die Weinberge ein. Als wir zu mir zurückkamen, war das Treppenhaus von der Garage zum Wohnzimmer voller Luftballons. Nachdem ich mich hindurch gekämpft hatte, fand ich viele meiner Freunde zu einer Überraschungsparty versammelt. Tom verstand sich darauf, Spaß zu haben und war offen für die Dinge, denen ich ihn aussetzte, sei es der FKK-Strand oder die heißen Quellen. Wir mochten auch die Freunde des anderen.

Tom war schon zweimal verheiratet gewesen, einmal mit einer ehemaligen Schulkameradin aus seiner Heimatstadt Rifle, Colorado. Die Beziehung erfüllte beider Vorstellungen von Glück nicht und sie ließen sich scheiden. Nichtsdestotrotz gingen ihre Tochter Debbie sowie ein Enkelkind, Megan, daraus hervor. Tom war es somit beschieden, Vater zu sein – und ein guter noch dazu. Jedenfalls zeigte sich Debbie als eine überaus hingebungsvolle und anerkennende Tochter. Toms zweite Ehe war mit Greta, einer finnischen Frau, die er, als er Manager für Payless Drug Store war, auf Arbeit kennengelernt hatte.

Toms bester Freund, der ebenfalls Tom hieß, hatte eine wunderschöne Frau aus Schweden geheiratet. Es musste der perfekte Fang gewesen sein - er lag Mari wie einer Prinzessin zu Füßen! Auf diese Weise mag meinen Tom also die Kunde erreicht haben, dass nordeuropäische Frauen begehrenswert seien. Greta und Toms Ehe währte zehn Jahre. Als wir uns trafen, hatten wir demnach beide nicht den Plan, je wieder zu heiraten. Sich fest zu binden ging mit Ärger und Enttäuschung einher. Da Toms Haus jedoch eine Autostunde entfernt war, ließ ich ihn einige Monate später bei Kathleen und mir einziehen. So konnten wir auch die harten Raten der Hypothek teilen.

Als mir der Job bei TWA wieder angeboten wurde, natürlich zu einem geringeren Gehalt, zog ich die Vorteile einer bezahlten Krankenversicherung und kostenloser oder reduzierter Flüge durchaus in Betracht. Mir kam der Gedanke, wie viel vorteilhafter es wäre, wenn ich Tom heiraten würde, und er automatisch in diese Leistungen mit einbezogen würde. Tom hörte sich meinen Antrag an, nahm sich aber keine Zeit, darüber nachzudenken. Er sagte „Nein". Ich sollte nicht in einem Job festsitzen bleiben, an dem ich keine Freude mehr hatte. Er hatte mein frustriertes Weinen im Ohr, wenn ich ihm sagen musste, dass ich feststeckte und eine weitere Nacht irgendwo verbringen musste, weil ich keinen Anschlussflug nach Hause bekommen hatte. Das half mir, mich zur Kündigung zu entschließen.

Ich hatte das Glück, im Zuge meines letzten Arbeitsauftrags nach Paris und Bombay zu fliegen. Indien stand noch auf der Liste von Dingen, die ich erlebt haben wollte. Da es sich um ein Ziel handelte, zu dem TWA nur einmal pro Woche flog, hatten wir einen fünftägigen Aufenthalt in Bombay. Exotische Geschäfte mit herrlichem Schmuck und Kleidung befanden sich im und in der Nähe des Hotels. Das geschäftige Treiben der Ureinwohner und diese völlig fremde Kultur waren enorm aufregend. Eine Tour, um zu sehen, wo Gandhi lebte, in seinen Gefilden zu wandeln und etwas über sein Leben zu erfahren, war der Höhepunkt meiner Reise. Auf dem Rückflug beschloss ich in Paris, ein letztes Mal Schnecken zu essen. Ich bestellte zwei Dutzend große, fette in Butter und Knoblauch davon und saugte das Fett mit viel französischem Brot auf. Kein Wunder, dass die

Passagiere und Flugbegleiter auf dem Heimweg Abstand von mir hielten.

Anfangs war es sehr schwer, sich daran zu gewöhnen, keinen Job mehr zu haben, der mir Sicherheit gab. Obwohl ich jetzt als Lehrerin an der Montessori-Schule wieder arbeitete, war das Gehalt doch gering. Ich musste darauf vertrauen, als Tom mir versicherte, dass es einen Weg gebe, über die Runden zu kommen, indem wir das Haus verkaufen und nach Sacramento ziehen, wo die Lebenshaltungskosten viel niedriger sind. Er hatte es satt, für seine Arbeit im Versicherungsturm in die Innenstadt von San Francisco zu fahren. Der Verkehr in der Gegend war zu jeder Zeit schrecklich. Nach langem Überlegen stimmte ich widerwillig zu, mein Haus zu verkaufen und mit ihm umzuziehen. Mein immer wiederkehrender Albtraum war, wie ich auf der Autobahn im Rückwärtsgang zum Flughafen fahre, voller Panik, dass ich es nicht rechtzeitig schaffen und zu spät für meinen Flug kommen würde.

August 1989

Mein amerikanischer Freund Tom (jetzt mein Mann) und ich besuchten zum ersten Mal meine Verwandten in Ostdeutschland. Ich wollte ihm zeigen, woher ich komme, damit er mich besser kennen lernt. Zwar hatten wir die notwendigen Papiere, um in das Land einreisen zu können, Monate vorher beantragt und nun beisammen, doch es fühlte sich immer noch beängstigend und riskant an.

Die Autobahn endete abrupt an der Grenze. Die Wachtürme waren mit Grenzpatrouillen mit Fernglas und Maschinengewehren besetzt. Bei der Übergabe unserer Pässe und Papiere wurde unser Lächeln nicht erwidert. Nachdem man uns daran erinnert hatte, dass wir uns bei der örtlichen Polizei melden mussten, sobald wir an unserem Ziel angekommen waren, entließ man uns mit strengem Blick. Ein Wink hieß uns, das Auto zu starten und langsam vorwärts zu fahren. Die Autobahn war für einen Kilometer aus Kopfsteinpflaster. Das Tempolimit betrug erst eine Weile 10, dann 20 Kilometer pro Stunde. Eingeschüchtert, wie wir zu sein hatten, befolgten wir die Regeln. Angst vor Autorität ist das beabsichtigte Resultat.

Die Atmosphäre war geladen. Alle schienen auf Spannung zu sein. Das Leben war schwierig und Luxuswaren immer noch schwer zu bekommen. Die Reise in die westliche Welt war verboten. Die Grenze war noch geschlossen. Ein Zaun mit Wachtürmen und einem breiten Streifen Niemandsland teilte das Land. Nur alte Menschen, die Rente erhielten, durften nach Westdeutschland reisen, wenn sie dort Verwandte hatten. Sogar sie mussten zuerst die Ausreise beantragen. Wenn sie nicht zurückkehrten, war es nicht so schlimm, weil die Regierung ihre geringfügige Rente nicht mehr zahlen musste. Junge Leute fühlten sich eingesperrt und hatten das System immer mehr satt. Einige baten um Erlaubnis, mit ihrem Auto in den Urlaub nach Ungarn fahren zu dürfen. Von dort war es möglich, einen Ein-Tages-Pass nach Österreich zu bekommen. Sie kehrten einfach nicht zurück. Andere, mit nur einem kleinen Koffer und der Kleidung auf dem Leib, ließen ihr Auto auf einem Feld in Ungarn stehen und gingen zur deutschen Botschaft in Budapest. Von dort wurden sie irgendwann mit dem Bus nach Westdeutschland gebracht. Sich von seinen Eltern zu verabschieden war nicht ratsam, da es Konsequenzen haben konnte, wenn sie von den Plänen wussten. Es war gesetzeswidrig, bei der Flucht zu helfen oder auch nur davon zu wissen und es nicht zu erzählen.

Der Sohn meiner Cousine war sehr daran interessiert, mit Tom und mir über Politik und unsere Einstellungen zu sprechen. Als er sich sicher war, dass er uns vertrauen konnte, führte er Tom auf den Dachboden der alten Mühle, in welcher er lebte, um ihm den Korb und den Ballon zu zeigen, mit dem er in den Westen fliehen wollte. Er wollte sich, seine Frau, einen fünfjährigen Sohn und eine vierjährige Tochter in diesem Apparat transportieren. Das Problem war, dass er einen Höhenmesser brauchte. Es gab nur einen sehr schmalen Luftraum, in dem er sich sicher bewegen konnte. Flog er zu hoch, würde er im Radar auffallen, flog er zu niedrig, würde er in elektrische Leitungen fliegen. Wir haben ihm nach unserer Rückkehr in die USA einen Höhenmesser geschickt. Am Ende wurde er gar nicht benutzt. Die Familie entschied, dass es sicherer sei, mit dem Auto in die Tschechoslowakei und nach Ungarn zu fahren, das die Grenze geöffnet hatte. Von dort aus reisten sie durch Österreich in ein westdeutsches Flüchtlingslager.

Die Wiedervereinigung Deutschlands, der Tag, an dem die Mauer fiel, ereignete sich nur zwei Monate nach unserem Besuch in Ostdeutschland im Oktober desselben Jahres. Es war ein für uns völlig unerwartetes Ereignis.

Unterdessen hatte ich das Gefühl, nachdem ich die Verwandtschaft auf beiden Seiten meiner Eltern besucht und Tom als meinen möglicherweise zukünftigen Ehemann vorgestellt hatte, dass er gut genug in mein Leben passen würde. Obwohl er kein Deutsch sprach und meine Cousins kein Englisch, da sie in der Schule nur Russisch gelernt hatten, verstanden sie sich mit vielen Gesten und einem Lächeln unheimlich gut.

Auf dem Heimweg an der Grenze zwischen Ost- und Westdeutschland mussten wir aus dem Auto steigen und unsere Pässe abgeben, die zu einem Wachhaus gebracht wurden. Viele Wachen mit Gewehren waren unterwegs. Hunde rannten und schnüffelten an Autos und Koffern. „Was exportieren Sie?", war die Frage. Ich hatte für Toms Enkel Lederhosen in Jungengröße gekauft, in der Hoffnung, dass sie dem Fünfjährigen passen würden. Mir wurde eine Liste verbotener Gegenstände gezeigt, darunter Lederhosen für Kinder. Die Liste enthielt eine erstaunliche Reihe Dinge des täglichen Bedarfs. Ich erinnere mich, dass sogar Zwiebeln darauf standen.

Nun hatte ich also eine Fehltat begangen und wurde zum Wachhaus geführt. Dort sah mich der Grenzpolizist sehr streng an. Mit breitbeiniger Haltung und einem selbstgefälligen Grinsen im Gesicht sagte er: „Wenn Sie in diese Hose reinpassen, können Sie sie behalten. Lederhosen in Erwachsenengröße sind erlaubt." Sie würde mir auf keinen Fall passen, das wusste er. Nachdem ich genug Angst und Einschüchterung gezeigt hatte, wurde ich entlassen, den fraglichen Gegenstand in den Händen haltend.

Tom war sehr besorgt, als sie mich zum Wachhaus brachten. Ein anderer Grenzbeamter kam mit seinem Gewehr herüber und öffnete die Hintertür des Autos, stocherte auf dem Rücksitz herum und schrie: „Aufmachen, schnell, sofort". Toms leerer Blick machte ihn noch wütender. „Öffnen Sie das, jetzt, schnell!", war die Botschaft, die Tom schließlich durch die immer wilder werdenden Gesten verstand. Er glaubte, dass er angewiesen war, den Rücksitz anzuheben, damit der Beamte darunter schauen konnte, um sicherzugehen, dass sich dort niemand versteckte und versuchte, zu fliehen. Tom öffnete ihm also den Blick ins Leere. Im Kofferraum wurde unser Gepäck sorgfältig untersucht, wobei sämtlicher Inhalt durchwühlt und in heillose Unordnung gebracht wurde. Selbst der Unterboden wurde inspiziert.

Als Tom mich aus dem Wachhaus zurückkehren sah, atmete er erleichtert auf. Er hatte sich völlig außer Kontrolle gefühlt, sprach er doch kein Wort Deutsch und konnte mich nicht beschützen, wenn sie mich eingesperrt hätten. Hier bekam er die Lektion, was Angst und Einschüchterung mit Körper und Geist anrichten können. Als Amerikaner zählen wir unbewusst auf gewisse Rechte und darauf, mit Würde behandelt zu werden.

Wir bekamen unsere Pässe zurück und ließen die Wachtürme hinter uns. Für eine Weile waren wir uns drastisch dessen bewusst, wie sich Freiheit anfühlt. Die Rückfahrt zum Haus meines Vaters in Süddeutschland dauerte etwa acht Stunden, in denen wir es genossen, dass es auf der Autobahn keine Geschwindigkeitsbegrenzung gab. Höchste Konzentration ist vonnöten. Es war erhebend, sich frei und sicher zu fühlen.

Hochzeit

Im Dezember 1989 besuchte mich mein Vater in Orangevale nahe Sacramento. Tom und ich befanden, dass es eine gute Möglichkeit sei, um ihn bei der Hochzeit dabei haben zu können, wenn wir den Termin dafür in die Zeit seines Besuchs legten. Da meine Eltern am 29. Dezember 1939 geheiratet hatten und es nun fünfzig Jahre später war, beschlossen wir, dasselbe Datum zu wählen. Die Hochzeit fand in einem schicken Restaurant gemeinsam mit zwölf Freunden statt. Es war eben jene intime und festliche Atmosphäre, wie wir sie beide uns vorgestellt hatten.

Mein Vater und Tom hatten sich bei einem Besuch in unserem Haus in Spanien kennengelernt und verstanden sich prächtig. Wir gingen in den Bergen wandern, bestellten vor der Tour in einem alten Haus gebratenes Kaninchen, welches wir drei Stunden später bei unserer Rückkehr aßen. Ein sehr alter, zahnloser Mann spielte für uns Gitarre und lächelte breit, als Tom und ich zu tanzen begannen.

Ich glaube, mein Vater war sehr froh, dass ich nicht mehr allein war. Tom gewann sein Vertrauen und wickelte bald Vaters Investitionen in Amerika ab. Tom gelang es auch, ihn zu überzeugen, dass er uns von einigen seiner Erlebnisse in russischer Kriegsgefangenschaft berichtet und diese auf Tonband spricht. So entstand die Idee für dieses Buch. Ich habe Vaters Geschichten auf Deutsch niedergeschrieben und ihm ein Booklet für seinen achtzigsten Geburtstag gemacht, welches er dann auf die deutschen Verwandten seiner Wahl verteilen konnte.

Wir machten eine Reise nach Colorado, wo Tom einst in einer kleinen Stadt namens Rifle das Licht der Welt erblickte. Da er und sein Bruder Lyman von Verwandten aufzogen worden sind, bei denen sie hart für ihren Unterhalt zu arbeiten hatten, war Tom als Junge oder junger Mann die Gelegenheit verwehrt geblieben, großartig über die nächsten Städte hinaus zu blicken. Wir fuhren nach Denver, um nach gemeinsamer Routenplanung mit Lyman und Sharon eine Reise anzutreten, auf der wir den wunderschönen Bundesstaat Colorado erkundeten. Sie zählt noch immer zu meinen liebsten Erinnerungen.

Eine andere denkwürdige Zeit war eine Woche, die wir in Thailand verbrachten. Freunde von uns hatten dort auf der Insel Ko Phangan auf eine Auszeit angetreten. Wir begannen den Tag mit Tai-Chi, das von einem jungen Engländer geleitet wurde. Wir aßen vegetarisches Essen. Wir hatten Massagen, besuchten Saunen, schwammen im Meer, meditierten jeden Tag und führten viele tiefe Gespräche mit Freunden. All dies, ohne je von einem Telefon unterbrochen zu werden. Tom tat diese Umgebung merklich gut.

Ich schätzte die Freiheit, mit einem Mann verheiratet zu sein, der mich dort nicht jeden Moment brauchte. Unabhängig und glücklich sein, ohne viele Erwartungen und Forderungen nach Zusammensein zu haben, passt uns beiden gut. Tom jagt und fischt gern mit seinem Bruder oder Freunden. Golf ist eine Sportart, die er in seinen Sechzigern begonnen hat. Ich mag nichts davon, aber ich genieße es, die Zeit für mich zu haben, zu malen oder zu schreiben oder meine Freunde zu sehen. Mir hat es Spaß gemacht, allein oder mit einer Freundin auf Malreisen nach Europa zu gehen. Tom ist in der Zeit auf sich gestellt, und ich weiß, dass auch er diese Freiheit schätzt.

Als mein Vater im Alter krank wurde, konnte ich öfter nach Deutschland kommen, wobei Tom mich dann begleitete, um unterstützend tätig zu sein. Die beiden Männer hatten eine besondere Art von Verbindung und Freundschaft.

Meine Montessorri-Schule

Nachdem wir in die Gegend von Sacramento gezogen waren, arbeitete ich vorübergehend an mehreren Vorschulen und stellte bald fest, dass die Montessori-Methode anderen Programmen weit voraus war. Ich hatte in regulären Vorschulen beobachtet, wie sie die Kinder gezwungen haben, eine Aktivität als Gruppe zu machen, dann als Gruppe wiederum an einen anderen Tisch zu gehen und so weiter, ohne ihnen einen Hauch von Wahlmöglichkeit zu geben. Eine gute Art also, Herdentiere heranzuziehen.

Obwohl die Methode von Maria Montessori bereits vor mehr als hundert Jahren in Rom eingeführt wurde, wo sie mit armen Kindern arbeitete, ist sie für mich und viele Menschen, die sie studieren, überaus sinnvoll. Es gibt mehr als fünftausend Schulen auf der ganzen Welt, die ihrer Lehre folgen. In einer Montessori-Schule ist die Umgebung so vorbereitet, dass die Kinder je nach Lernstufe entscheiden können, was sie interessiert. Es gibt viele Regale mit Tabletts oder Körben, in denen sich interessante Gegenständen zum Verändern, Sortieren, Klassifizieren, Ordnen, Vergleichen, Berühren, Riechen oder Hören für die Kinder befinden. Dies entwickelt ihre Sinne und stärkt ihre Fähigkeiten. Wenn die Drei- bis Fünfjährigen bereit und interessiert sind, werden sie an Sprach- und Mathematikmaterialien herangeführt.

Meine Montessori-Ausbildung fand in einer Schule in Oakland, mein Referendariat dann in Hillsborough statt. Dort gab es acht Lehrer für achtundvierzig Kinder. Jeder Lehrer hatte einen anderen Umgang mit den Kindern – ich war fasziniert und lernte eifrig, welche für sie gute Wege waren. Jeder Tag war aufregend und bereitete Freude. Ich wollte diese perfekte kleine Welt für mich selbst replizieren.

Ich fand ein kleines Haus in einem alten Viertel im Herzen von Rocklin. Es war alles auf einer Ebene mit großzügigem

Gelände für einen Garten und einen Spielplatz. Ich verliebte mich prompt in das große Feld hinter dem Grundstück. Es gab alte Eichen dort und eine Wiese mit Mohn und Wildblumen. Mein kalifornischer Traum wurde Wirklichkeit...

Ich muss gestehen, dass ich es ohne die Hilfe meines Mannes Tom und meines Vaters bei der Anzahlung nie geschafft hätte. Wir begannen mit einem Anbau und stellten bald fest, dass wir diversen Normen folgen mussten, um den Ort kommerziell nutzen zu können. Wir machten das Haus für Behinderte zugänglich und überwanden unzählige Hindernisse, die uns in den Weg gestellt wurden. Ich sagte immer wieder: „Dies ist eine weitere Hürde, über die ich nicht springen möchte!", und Tom pflegte dann zu entgegnen: „Wie hoch willst du, dass wir springen? Wir schaffen es!"

Eine Menge körperlicher Arbeit brachte das Haus auf den neuesten Stand und machte es behindertengerecht. Dann baute Tom alle Regale für die vier Räume, etwa dreißig waren es insgesamt. In ihnen wurden Materialien, mit denen die Kinder spielen konnten, aufbewahrt. Wir dekorierten das Haus mit vielen Büchern, Pflanzen und Gemälden, sodass es wie ein gemütliches und komfortables Zuhause aussah, in dem selbst Erwachsene gern Zeit verbrachten.

Ich begann das Schuljahr mit acht kleinen Jungen, die eingeschrieben waren. Dann waren die Eltern eines Mädchens mutig genug, es anzumelden. Nach und nach kamen immer mehr Kinder dazu. Den Vorgaben gemäß konnte ich vierundzwanzig kleine Kinder gleichzeitig aufnehmen. Mithilfe zweier weiterer Lehrer lernte ich nun, wie man gut mit den Kindern umgeht, wie man sie ermutigt, über Gefühle zu sprechen, und wie man sie in die „Jobs" einführt – so nannten wir ihre „Arbeit". Ich brachte mir jede Menge Lieder und das Gitarre spielen bei. Am meisten Freude hatte ich daran, den Kindern beim emsigen Lernen und Lachen zuzusehen. Abends nahm ich Unterricht zu frühkindlicher Erziehung und holte mir auf Montessori-

Kongressen immer neue Inspiration. Ein Teil des Programms bestand darin, den Kindern Dinge über andere Länder und Kulturen beizubringen. Das ging mir leicht von der Hand, da ich Geschichten von fremden Orten aus meiner früheren Karriere als Flugbegleiterin erzählen konnte und natürlich, weil ich aus einer anderen Kultur stammte. Wir begingen jede Menge Traditionen und Feiertage aus aller Welt. Ich glaube fest, dass wir Weltfrieden lehren, indem wir Verständnis für Menschen in anderen Ländern entwickeln und Vielfalt tolerieren oder sogar schätzen helfen - und diese Verständigung beginnt bei den kleinen Menschen.

Das viktorianische Haus neben der Schule gehört den Johnsons, der Familie nach welcher der Stadtpark benannt ist, weil sie das Land dafür gestiftet haben. Sie ließen uns das Feld hinter der Schule nutzen, um einen erhöhten Garten zu bauen. Im Frühling war das Gras auf der Wiese so hoch, dass die Kinder darin verschwanden, wenn sie sich hinein rollten. Wir konnten mit ihnen nach Marienkäfern und Schmetterlingen suchen und Wildblumen pflücken. Wir machten Exkursionen im Park, zu einem Tümpel, der sich im Frühjahr bildete, aus welchem wir Kaulquappen fischten, um sie in der Schule zu Fröschen heranwachsen zu lassen. Am liebsten aber spazierten wir zu den indianischen Mahlsteinen auf der Wiese. Dort hatten die Maidu-Indianer seinerzeit tatsächlich Eicheln gemahlen, um aus deren Mehl Brot zu backen. Es befinden sich tiefe Wölbungen in den Steinen, die vom Zerreiben herrühren. Im Herbst feierten wir ein Indianerfest. Wir fertigten Federbänder als Kopfschmuck an, und so wanderten wir zu jener Lieblingsstelle im Park.

Blicke ich auf die zwanzig Jahre des Unterrichtens dieser Menschlein zurück, bin ich unendlich dankbar für jene Gelegenheit, sowohl ihre Kindheit, als auch ihre Freude und Liebe zum Lernen miterlebt haben zu dürfen. Ich schätze darüber hinaus das Vertrauen der Eltern in mich, obwohl ich ja selbst keine Kinder hatte. Es half mir sehr, mein Bedauern darüber zu verschmerzen. Das Universum hatte Besseres für mich im Sinn. Ich konnte all meine mütterlichen Instinkte nutzen und meinen Drang danach stillen, einen Beitrag zur Zukunft zu leisten, indem ich der Arbeit nachging, die ich liebte. Ich weiß, dass ich vielen Kindern begreiflich machen konnte, dass jedes von ihnen ein besonderes Geschenk ist, dass sie fröhlich und davon mitgerissen sein dürfen, in dieser großen Welt lebendig zu sein.

Ein alleinstehender Mann

Nachdem meine Mutter gestorben war, beschloss mein Vater, das Haus in Hamburg zu verkaufen und nach Süddeutschland zu ziehen. Er empfand die Mentalität der Norddeutschen als geradlinig, sauber und kalt. So hielt er nach der wärmsten Stadt Ausschau und kaufte eine sehr großzügige Wohnung im Erdgeschoss eines Hauses mit sechs Wohnungen. Breisach ist Grenzstadt. Eine Brücke über den Rhein verbindet Deutschland mit Colmar in Frankreich. Man fährt 30 Minuten bis dahin. Freiburg und der Schwarzwald sind 45 Minuten mit dem Auto und Basel in der Schweiz ist nur eine Stunde entfernt. Ich lernte die Stadt im Zuge zahlreicher Besuche während der nächsten zwanzig Jahre wirklich lieben. Die Landschaft um Breisach ist wunderschön. Sonnenblumenfelder sowie Apfel- und Pflaumenplantagen umgeben sämtliche der kleinen Städte dort. Terrassenförmig angelegte Weinberge sorgen für die besten Weine. Alljährlich im August fand in Breisach das Weinfest für die Region statt. Dort boten etwa dreißig der regionalen Weingüter mal hier ein Gläschen zur Verkostung, mal da gleich eine ganze Flasche zu Bockwurst, Brathähnchen und Flammkuchen feil. Eine Band spielte auf und mein Vater tanzte mit mir, ganz wie in alten Tagen. Der Abend klang mit einem Feuerwerk aus.

Da Breisach im äußersten Südwesten Deutschlands liegt, hatte sich die Reisezeit meines Vaters zu seinem Haus in Spanien nun um einen ganzen Tag verkürzt.

Ein Jahr nach dem Tod meiner Mutter, was als übliche Trauerzeit gesehen wird, beschloss mein Vater, dass er sein Leben gern wieder mit einer Frau teilen würde. Er veröffentlichte eine Anzeige in einer Lokalzeitung: „Vitaler 70-jähriger auf der Suche nach einer Gefährtin mit der Möglichkeit, alljährlich drei Monate in Spanien zu verbringen." Er erhielt zwanzig Antworten und wählte elf Frauen aus, mit denen er sich verabredete. Eine stach für ihn als guter Fang heraus. Erna war Witwe, seit ihr Mann im Krieg getötet wurde, wodurch sie eine gute Rente bekam, und sie war kinderlos. Sie war aus Schlesien vertrieben worden, einer ehemals deutschen Region, die nun polnisch war. Mein Vater und Erna hatten viele Gemeinsamkeiten, besonders, nachdem sie den Freunden und Nachbarn in Spanien vorgestellt worden war. Sie wurde von allen Dank ihrer freundlichen Art gleich angenommen. Ein kleines Problem bestand darin, sie zu überzeugen, bei meinem Vater einzuziehen. Sie lehnte dies ab, wollte ihre Unabhängigkeit bewahren und ihre Wohnung in einer etwa vierzig Minuten entfernten Stadt behalten. So arrangierten sie sich und konnten immerhin auf den Reisen nach Spanien die ganze Zeit zusammen sein. Zehn Jahre lang pflegten sie sowohl in Spanien, als auch in Deutschland ein sehr reges Sozialleben. Einmal im Jahr besuchte ich sie an einem der beiden Orte. Sie besuchten mich auch in San Francisco, und ich freute mich für sie.

Nach der Wiedervereinigung Deutschlands machten mein Vater und ich eine Autofahrt in die ehemalige DDR, um seine Schwestern und all die Verwandten zu besuchen, die ihn seit fünfzig Jahren nicht mehr gesehen hatten. So trafen wir auch all ihre Kinder und Enkelkinder, die seitdem geboren wurden. Wir wurden beide aufs Herzlichste empfangen. Mein Vater war damals achtzig Jahre alt, und es war die letzte Reise, die wir gemeinsam antraten.

Der Anruf

Ein Jahr später, 1994, erhielt ich einen Anruf von Erna: „Dein Vater hatte einen Schlaganfall, du musst sofort herkommen!" Er war einundachtzig Jahre alt.

Sie hatten das Auto für einen dreimonatigen Aufenthalt in Spanien voll mit Lebensmitteln und Vorräten bepackt. Während Vater in einem unterirdischen Tunnel durch Lyon in Frankreich fuhr, machte der Schlaganfall sein rechtes Bein bewegungsunfähig, er streifte einige Autos frontal oder seitlich, ehe Seines zum Stillstand kam. Zum Glück begrenzte sich der Schaden auf die Karosserien und niemand außer Erna, die einen geprellten Brustkorb hatte, war verletzt worden. Mein Vater wurde für zehn Tage im Krankenhaus von Lyon behandelt. Ich mietete ein kleines Zimmer und verbrachte die Tage mit Erna und ihm, um herauszufinden, was es nun zu tun galt – kein leichtes Unterfangen, wenn du der Sprache nicht mächtig bist. Schließlich kam sein Arzt aus Breisach und organisierte einen Krankenwagen, der meinen Vater nach Hause in ein Krankenhaus brachte. Erna und ich nahmen einen Mietwagen, um einige Dinge zurückzubringen, die aus dem zerstörten Auto gerettet werden konnten.

Mein Vater blieb viele Monate im Krankenhaus. Sehr langsam machte er Fortschritte, aber seine Genesung ging nicht in dem Maße voran, wie wir es uns erhofft hatten. Seine rechte Seite blieb gelähmt, seine Sprache war behäbig und sein Geist gebrochen. Therapien wurden ihm angetragen, aber er nahm sie nur widerstrebend wahr. Ich arrangierte für zwei meiner Cousins einen Besuch, damit wir ihn nach Hause bringen und er mit dem Rollstuhl vorwärtskommen konnte. Wir überzeugten Erna schließlich, dass er ihre Pflege brauchte. Sie gab ihre Wohnung auf und zog bei meinem Vater ein, wofür ich auf immer dankbar bin.

Wir kümmerten uns abwechselnd um meinen Vater. Wenn ich ein- oder zweimal im Jahr auf Besuch kam, war Erna frei, zu ihrer Schwester nach England zu fahren. Schließlich hatte er einen weiteren Schlaganfall, während mein Mann und ich zu Besuch waren. Wir brachten ihn gegen seinen Willen ins Krankenhaus. Er wollte zu Hause sterben. Natürlich versuchten sie ihn, sobald er „im System" war, mit allen erdenklichen Mitteln am Leben zu erhalten. Es war traurig, diesen stolzen Mann derart hilflos zu sehen.

Erna war an seiner Seite, als er am 12.September 2001, einen Tag nach der Katastrophe vom 11. September 2001 in New York, im Alter von achtundachtzig Jahren starb.

Wenn ich den Geburtstag meines Vaters feiere, kaufe ich ein paar rote Rosen, seine Lieblingsblumen, und leg die Musik auf, die er liebte: „Va pensiero", den Gefangenenchor aus Verdis *Nabucco*. Und jedes Mal, wenn ich über die Krankheit und das Sterben meiner Eltern in Trübsinn gerate, stelle ich mir die beiden vor, wie sie am glücklichsten waren: beim Tanzen.